왜 나는 이 사람을 따르는가

가만히 있어도
사람이 따르는
리더의 조건

왜 나는 이 사람을 따르는가

나가마쓰 시게히사 지음 | 김윤수 옮김

사람을 끌어당기는 리더의 힘

"좋은 아침입니다, 팀장님."

사무실에 들어서자 팀원들이 하던 일을 멈추고 내게 다가온다. 이들은 내 든든한 보물들이다.

"아 참, 어제 안건 회의해야지."

내 말에 팀원들이 웃으며 자료를 내민다. 자료에는 안건의 해결책이 잘 마련되어 있다.

"어제 저희끼리 회의를 거쳐 완성했습니다. 피드

백 부탁드립니다."

대충 훑어봐도 전혀 조언이 필요 없는 내용이다. 이들은 내가 일일이 신경 쓰지 않아도 알아서 문제를 해결하는 대견한 팀원들이다.

"좋은데? 다음 프레젠테이션에서도 이길 수 있겠어."

겉으로 표현하지는 않았지만, 팀원들 덕분에 나는 아침부터 매우 행복했다. 이 구성원들로 팀이 꾸려진 뒤, 다른 팀장들로부터 어떻게 하면 그런 팀원을 모을 수 있냐는 질문 공세를 받는다.

나도 이유는 잘 모른다. 그저 이 팀원들과 오랫동 안 함께 일하고 싶을 뿐이다. 이들과 함께라면 최고의 팀을 만들 수 있다. 아니, 이미 최고의 팀이다.

그에 비해 옆 팀은 같은 회사라는 생각이 들지 않 을 정도로 분위기가 다르다. 입사 동기인 내 친구가 팀 장을 맡고 있는데, 그는 언제나 인상을 쓰고 있다. 미 안한 말이지만 그 친구를 볼 때마다 나는 정말 행복한 리더라는 생각을 한다.

어느 날, 팀원 한 명이 내게 다가왔다. 마음씨 곱기로 유명한 그녀는 사내에서 인기가 많다.

"팀장님, 오늘 저녁에 팀 회식 있는 거 잊지 않으셨죠?"

"아 참, 깜빡하고 다른 미팅을 잡았네."

"괜찮아요, 먼저 가 있을게요. 저희끼리 시작해도 되죠?"

"물론이지, 나 갈 때까지 기다릴 필요 없어."

나는 서둘러 미팅을 마치고 회식 장소로 향했다. 이전에 맡았던 팀은 회식 자체도 드물었고, 가끔 한다고 해도 형식적인 분위기였다. 하지만 이 팀원들과의 회식은 즐겁고 자연스럽다. 나는 행복한 리더의 조건을 다 갖춘 리더다.

점원의 안내에 따라 가게로 들어서자 팀원들이 고깔모자를 쓰고 나를 맞이했다.

"생일 축하합니다, 생일 축하합니다, 사랑하는 팀장님, 생일 축하합니다."

"조금 이르지만 생일 축하드립니다, 팀장님!"

모레는 내 생일이었다. 나조차 깜빡하고 있었다.

"저희는 팀장님과 함께 일하게 되어 정말 행복합
니다!"

한 팀원이 폭죽을 터트렸다.

"펑!"

눈이 떠졌다. 사실 이건 꿈이었다. 꿈이지만 행복
했다. 하지만 현실을 생각하니 곧바로 우울해졌다. 사
실 꿈속에 등장한 인상 쓰는 옆 팀장이 나다. 팀원들은
매일 불만을 터뜨리며 내게 반발한다. 좋은 팀원들과
행복한 나날을 보내는 꿈속 주인공이 내 입사 동기다.
꿈에서나마 나는 그 팀의 팀장이 되었다. 나는 그를 볼
때마다 생각했다.

"왜 늘 저 친구에게만 사람이 따르는 걸까."

이 소설 같은 이야기는 과거 나의 실제 경험이다.
이 책을 펼친 당신은 조직을 이끌어야 할 위치에 있는

사람일 것이다. 리더십에 관한 책이 끊임없이 출간되는 걸 보면 아무리 시대가 바뀌어도 리더의 역할에는 명확한 정답이 없다는 걸 알 수 있다. 나는 인재 컨설팅을 통해 수많은 리더들과 만나왔는데, 그때마다 가장 많이 받는 질문이 있다.

"어떻게 하면 부하 직원의 마음을 움직일 수 있나요?"

대부분의 리더들이 고민하는 부분이다. 부푼 꿈을 안고 사업을 시작한 기쁨도 잠시, 이내 직원과의 관계로 고민이 생긴다.

'대체 어떻게 해야 부하 직원이 나를 따를까?'

나 역시 첫 창업 후, 자나 깨나 이 생각만 했다. 화를 내도 상황은 전혀 나아지지 않았고 직원들은 생각대로 움직이기는커녕, "일부러 그러는 거야?"라고 묻고 싶을 만큼 내 의도와 정반대로 행동했다. 나름대로 동기부여를 해도 효과는 사흘이 채 가지 않았다. 직원과의 문제 때문에 사업에 집중할 수 없어 힘들어하던 시절이다.

하지만 지금은 확실히 말할 수 있다. 사람이 따르는 리더에게는 조건이 있다는 걸, 이 세상에서 가장 강력한 힘은 바로 '사람을 끌어당기는 힘'이며 리더에게 필요한 건 권력이 아니라 매력이라는 걸.

나는 지금도 현장에서 직원들과 밤낮으로 얼굴을 맞대는 현역 리더다. 내 15년 리더 인생을 담은 이 책을 효율적으로 활용한다면 당신도 반드시 이상적인 조직을 손에 넣을 수 있다. 한 명이라도 부하 직원이 있고 부하 직원과의 관계 때문에 고민해본 사람, 그리고 좋은 팀을 꾸리고 싶고 사람이 따르는 리더가 되고 싶은 모든 리더들에게 이 책을 바친다.

| 차 례 |

프롤로그 사람을 끌어당기는 리더의 힘 | 4

1부
어떤 리더에게 사람이 따르는가

1장 가만히 있어도 사람이 따르는 리더의 조건

메리트가 매력을 만든다 | 17

소중한 사람일수록 만나지 않는다 | 20

세계 평화보다 사무실의 평화 | 24

주변부터 빛내는 리더의 캔들 서비스 | 27

성공한 리더에게는 세 가지 'F'가 있다 | 30

2장 왠지 끌리는 사람의 특징

놓치면 손해 볼 것 같은 사람 | 35

드러난 꽃보다 감춰진 돌멩이가 더 매력적이다 | 38

돌발 상황을 여흥으로 만드는 리더 | 42

3장 누군가를 위해 기꺼이 애쓰는 이유

눈칫밥 먹이는 리더와는 겸상도 안 한다 | 47

세상에서 가장 강력한 동기 '그냥 좋아서' | 51

사람을 움직이는 리더의 파장 | 54

밝은 미래를 비추는 리더의 말 | 57

4장 리더의 가치를 떨어뜨리는 요소

자신도 모르게 걸리는 '리더병' | 63

속 좁은 리더에게는 마음을 열지 않는다 | 66

리더의 SNS | 68

인생과 조직의 세 가지 고개 | 72

5장 배움을 실천하는 리더의 아우라

책이 너절해질수록 리더는 견고해진다 | 77

리더의 독서讀書는 자칫하면 독서毒書가 된다 | 82

이론의 모순 : 경영 컨설턴트도 경영 부진으로 도산한다 | 85

이제부터 증명하겠다는 리더는 아무도 따르지 않는다 | 88

셀프 브랜딩과 이너 브랜딩 | 97

2부
좋은 조직을 넘어 매력적인 조직으로

 6장 **일류의 인재를 모으는 게 아니라**
지금 있는 사람을 일류로 만든다

조직의 실체를 만드는 이념의 언어화 | 105

조직을 지탱하는 '1경추' | 109

사공의 지위는 아무에게나 주지 않는다 | 112

인재를 알아보는 안목 | 115

소수를 정예로 만드는 법 | 118

개인의 행복과 조직의 안녕을 아우르는 리더의 품격 | 124

 7장 **이끌지 말고 따르게 하라**

일부러 둔감한 리더가 성공한다 | 131

사람을 꿰뚫어보는 리더의 인간 공부 | 134

부족하면 시들고 넘치면 썩는다 | 137

저항 세력은 자연현상이다 | 141

차세대는 기성세대보다 우수하다 | 146

8장 다르게 보는 리더가 특별한 조직을 얻는다

강한 장군 밑에 약한 병사는 없다 | 151

기본을 지켜야 기호를 누릴 수 있다 | 154

긍정과 합리화는 한 끗 차이다 | 157

9장 새내기 리더가 착각하기 쉬운 리더십의 본질

인맥의 배신 | 161

우상의 허상 | 168

규모의 몰락 | 172

10장 리더십의 미래 : 언젠가 당신도 리더가 된다

발이 느려도 혼자 뛰면 언제나 1등이다 | 177

레드오션은 핫플레이스다 | 181

란체스터의 법칙 | 184

헨리 민츠버그의 개개인이 빛나는 조직 | 187

에필로그 당신의 리더 인생을 응원하며 | 193

역자 후기 당신은 리더형 인간입니까? | 196

1부

어떤 리더에게 사람이 따르는가

1장

**가만히 있어도
사람이 따르는 리더의 조건**

Ⅰ

메리트가 매력을 만든다

느닷없지만 현실적인 부분부터 짚고 넘어가겠다. 당신은 리더가 활용할 수 있는 메리트가 무엇이라고 생각하는가. 사람은 메리트를 느껴야 움직인다. 메리트는 크게 두 가지로 나뉘는데, 하나는 물질적 메리트로 돈이나 음식이 여기에 속한다. 또 하나는 정신적 메리트로 칭찬이나 인정 등이다. 이 책에서는 주로 정신적 메리트를 다루려고 한다. 물리적 메리트에는 폭발적인 효과가 있지만 한계도 확실하기 때문이다. 해당

물질이 없어졌을 때 그 관계는 끝난다.

　예로부터 우수한 리더는 인간의 심리를 꿰뚫어보는 능력으로 정신적 메리트를 잘 활용했다. 사람이 무엇을 진정 원하는지 아는 리더가 훌륭한 리더인 것이다.

　또한 사람은 누구나 자기중요감을 갈망한다. 자기중요감 없이는 다른 사람을 따르지 않는다. 그렇다면 자기중요감이란 무엇일까. 한마디로 '인정받고 싶다'는 욕망인데, 이는 태생적인 인간의 본능이다. 아기가 큰 소리로 우는 것도 나를 알아달라는 신호이고, 열심히 일해서 성과를 내려는 행위의 밑바닥에도 자기중요감을 충족하려는 욕구가 깔려 있다. 사람은 누구나 자기표현을 갈망하는 생물이기 때문에 언제나 '나 여기 있어'라고 표현하고 싶어 한다. 이는 좋고 나쁘고의 문제가 아니라 그저 본능이며 정신적인 메리트와 자기중요감은 서로 연결되어 있다.

　리더는 자신을 따르는 사람들의 자기중요감부터 충족시켜줘야 한다. '부하 직원이 더 열심히 일을 해주었으면'하고 속으로 아무리 바라도 그들은 원하는 대로 움직여주지 않는다. 동기가 부여될 만한 메리트를 제시하는 것이 리더의 역할이다. 좋은 부하 직원을 기다리지 말고 당신이 직원들에게 무엇을 제시할 수 있는지부터 생각하고 행동해야 한다. 요컨대, 부하 직원이 먼저 움직이길 바라는 것이 아니라 리더 자신이 먼저 움직여야 한다는 것이다.

당신은 부하 직원에게 먼저 미소를 보이는가?

당신은 부하 직원에게 먼저 따뜻한 말을 건네는가?

당신은 부하 직원이 동경할 만한 리더인가?

우선 자신을 돌아보자. 당신에게 메리트가 있어야 리더로서의 매력이 생긴다. 매력이 있으면 당신 주변에는 사람이라는 보물이 모여든다. 우수한 리더는 혼자서 모두 해내는 천재가 아니다. 구성원이 얼마나 우수한지가 좋은 리더의 기준이다. 먼저 당신은 부하 직원에게 어떠한 메리트를 제시하고 있는지부터 점검해보자.

▌

소중한 사람일수록 만나지 않는다

사람은 빛나는 사람을 만나면 나도 저 사람처럼 되고 싶다고 생각한다. 자연스러운 심리지만 결국 그 빛은 남의 빛이다. 남의 빛만 쫓아서는 영원히 자기 본연의 빛을 손에 넣을 수 없다. 어쩌다 비슷하게 흉내 낸다 하더라도 알맹이가 없는 반짝임은 얼마 가지 않아 사그라진다.

매력은 배우는 것이 아니며 멀리 있는 것도 아니다. 당신이 지금 서 있는 자리에, 자기 자신 속에 잠들어 있다. 즉, 현재의 자신을 깊이 파고들어야 발견할 수 있는 것이다. 내면의 우물을 파고 또 파서 자기만의 매력이라는 보물을 얻은 사람은, 본인이 의도치 않아도 빛나기 때문에 주변에 사람이 모여든다.

또한, 내면의 우물을 판다는 것은 가까운 사람을

소중히 여긴다는 의미와 상통한다. 조직에서 가까운 사람이라고 하면 동료, 부하 직원, 상사, 사장 등일 것이다. 이들조차 기쁘게 하지 못하면서 그 이상을 바라는 것은 '1미터는 헤엄치지 못하지만, 1킬로미터라면 가능하다'는 말처럼 바보 같은 논리다. 먼저 현재의 자신을 소중히 여기고 있는지, 당신 주변 사람들은 행복한지 스스로에게 물어야 한다.

내가 존경해 마지않는 한 경영자는 "나는 소중한 사람을 소중히 하고 싶어서 최대한 만나지 않는다"라고 말했다. 처음에는 별 이상한 소리를 하는 사람이라고 생각했지만 곁에서 지켜보니 그 말이 이해가 됐다.

사람의 몸은 하나다. 시간적, 물리적으로 한 사람의 인간이 만날 수 있는 사람 수에는 한계가 있다. 하지만 마음에는 한계가 없다. 자주, 오래 만나지 않아도 전할 수 있는 감동은 무한대다. 예를 들어 당신에게 100퍼센트 감동한 한 명이 있고 1퍼센트 감동한 백 명이 있다고 해보자. 산술적으로 치면 감동의 총량은 같지만 100퍼센트 감동한 사람은 주위 사람에게 100퍼센트의 감동을 선사해준 당신의 이야기를 퍼트릴 것이다. 그렇게 당신의 매력은 당신도 모르는 사이에 모르는 사람에게까지 퍼져나간다. 어느 쪽이 이득일지는 굳이 말할 필요도 없다.

사업도 마찬가지다. 직원들이 아직 충분히 성장하지 않았는데, 리더가 눈앞의 이익에 눈이 멀어 무리하게 사업을 확대하면, 그 피해는 고스란히 고객들에게 돌아가고 직원들에게서 불만이 터져 나온다. 그뿐이라면 그나마 낫다. 사업 확대에 따른 부채, 직원 사이의 불협화음, 제품의 품질 저하 같은 무서운 재해가 눈사태처럼 몰려온다. 리더라면 먼저 주변의 작은 한 가지 문제부터 해결하고, 한 명의 사람부터 감동시켜야 하는 것이다.

당신을 따르는 사람이 "이 리더를 만나서 정말 다행이야"라고 생각하고 행동한다면 순식간에 당신 주변으로 사람이 모여들 것이다. 가까운 사람을 소중히 여기라는 것은 자칫 평범하게 들리지만 성공한 리더로 향하는 길 중 그 이상의 지름길은 없다.

리더의 매력이란 지금 서 있는 자리에서, 지금 함께하는 사람을 위해 자신의 내면을 깊숙이 파내려 갔을 때 몸에 배는 것이다. 재차 말하지만 주변 사람이 행복해졌으면 좋겠다는 마음부터가 사람이 따르는 리더의 시작이다.

> 사람에게 일을 시키는 방법은 오직 하나다.
> 상대가 원하는 것을 주면 된다.
>
> – 데일 카네기(Dale Carnegie)

▌
세계 평화보다 사무실의 평화

마더 테레사의 노벨 평화상 수상 기념 기자회견에서 이런 질문이 나왔다.

"세계 평화 실현을 위해 제가 뭘 할 수 있을까요?"

마더 테레사는 미소를 지으며 대답했다.

"오늘 댁으로 돌아가서 가족들을 기쁘게 해주세요."

이 말은 진리라고 할 만하다. 리더의 역할에 대입해도 마찬가지다. 리더는 멀리만 보려는 경향이 있다. 가족과 직원 등 눈앞의 소중한 사람들은 보지 못하고 커다란 세계에만 꿈을 싣는다. 하지만 정작 자신이 소중히 여겨야 할 한 사람도 행복하게 하지 못하면서 세계 평화니 꿈이니 하는 커다란 가치를 말하는 건 아무리 생각해도 앞뒤가 맞지 않는다. 이 책은 리더를 위해 쓴 책이기 때문에 직장에 적용시켜 생각해보자.

평소 직원의 행복을 우선시하는 리더가 지역이나 세계를 위해 뻗어나가겠다고 선언한다면 불평하는 사람은 없다. 반대로 월급도 제대로 지급하지 못해서 직원은 괴로워하는 상황인데, 리더라는 사람은 자선 단체에 돈을 기부하거나 사회 활동에만 신경 쓴다면 어떤 직원이 그 리더를 따를까. 이처럼 조직은 외부 요인보다 내부의 문제로 붕괴하는 일이 더 많다.

'지역과 국가, 세계 평화를 위해서'와 같은 가치는 추앙받는다. 많은 리더가 사회 활동에 마음을 빼앗긴다. 물론 훌륭한 활동이지만 사실 너무 거창하고 실체가 없다. 개인의 행복을 고려하지 않는 세계 평화는 얼토당토않은 소리다. 먼저 내 주변 세상이 행복해야 비로소 지역, 나아가 국가로 범위가 커지게 된다. 당신 눈앞에 있는 동료나 가족의 불행을 무시하고 무작정 공공의 가치만 추구하는 건 어불성설이다.

'눈앞의 사람을 일일이 챙겨서 언제 성공하라고……'라는 생각이 들어 막막할 수도 있지만 걱정할 필요는 없다. 멀리 돌아가는 길처럼 보일지 몰라도, 실은 성공을 향한 가장 빠른 길이기 때문이다. 신기하게도 가까운 사람을 한 사람, 두 사람 챙기다 보면 어느새 인적 기반이 생긴다. 견고한 내부를 가진 조직이 오래도록 번영하는 것처럼, 신뢰로 뭉친 인적 기반을 갖춘 리더는 필히 성공한다. 반대로 내실을 다지지 않은 조직은 겉으로는 화려해 보일지 몰라도 한순간에 무너지기 십상인 것처럼, 인적 기반이 없는 리더는 필히 실패한다.

모든 가치는 '안에서 밖으로'가 중요하다. 내실을 착실히 닦으면서 천천히 바깥을 향해야 한다. 이 '안에서 밖으로'가 진정한 의미의 성공을 창출한다. 내실 있는 리더는 굳이 스스로 발돋움하지 않아도 떠밀리듯 성공하게 되는 것이다.

▋
주변부터 빛내는 리더의 캔들 서비스

당신의 조직에는 공통된 목표가 있는가. 만약 있다면 그 목표가 이루어졌을 때 관련된 사람들이 모두 행복해질 수 있는 목표인가.

공동의 목표를 세우는 일은 쉽지 않다. 누구나 손쉽게 모두가 공감하는 목표를 세울 수 있다면 애초에 리더가 필요치 않을 것이다. 조직 구성원은 각자의 가치가 다르며 일정한 성과를 내지도 않는다. 잘하는 사람도 있고, 못하는 사람도 있다. 그럼에도 목표를 세우는 사람, 목표를 돕는 사람, 목표에 올라타는 사람 모두가 만족할 수 있고, 달성했을 때 최대한 전원에게 혜택이 돌아가는 목표가 좋은 목표다.

또한, 개인의 목표와 조직의 목표가 가까울수록 그 조직은 견고해진다. 예를 들어, 리더인 당신이 '나는 저 고급 승용차를 사겠다'라고 직원들 앞에서 선언하고 실현한다고 해서 진심으로 기뻐해줄 사람이 몇이나 있을까. '부럽다 언젠가 나도' 정도의 생각을 하는 사람은 있을 수 있겠지만 요즘 젊은 사람들은 물질만으로 만족하지 않는다. 거기에 더해 성취감, 사명감, 유대관계도 중요시한다. 물질적인 월급이나 상여금, 복리후생과 함께 정신적인 사회적 소명의식, 자아실현을 함께 꿈꾸는 것이다.

우선순위로 치면 리더의 목표가 가장 후순위여야 한다. 리더는 먼저 자신의 주변을 행복하게 한 다음, 자신의 꿈을 이루어야만 하는 존재다. '자신이 행복해져야 비로소 남을 행복하게 할 수 있다'라는 말도 있지만 리더에게는 해당 없다. 그 말을 리더가 내뱉으면 주변은 싸늘해진다.

리더의 삶은 캔들 서비스(신랑 신부가 하객들 테이블의 초에 불을 켠 뒤, 마지막에 메인테이블의 초에 불을 켜는 것)와 같다. 가까운 곳부터 불을 켜나가면, 당신 주변은 점점 밝아지고 결국에는 그 중심에 있는 당신의 자리가 가장 빛나게 된다.

'리더는 청빈을 목표로 삼아야 한다'라고 주장하는 게 아니다. 큰 그림을 그려야 하는 리더의 자리는 큰 성취를 위해 크게 돌아가야 하는 자리라는 것을 알고 받아들여야 한다는 말이다. 이를 얼마만큼 견뎌내는지를 보면 리더로서의 자질과 그릇을 가늠할 수 있다.

> 사람을 돌보라, 그러면 그들이 사업을 돌볼 것이다.
>
> – 존 맥스웰(John Maxwell)

성공한 리더에게는 세 가지 'F'가 있다

다음 세 가지 'F'를 갖춘 리더가 앞으로의 시대에 성공하는 리더다.

첫 번째는 팬^{fan}. 당신의 자질을 알아보고, 지지하고, 응원해주는 이들이다. 두 번째는 프렌드^{friend}. 당신이 개인적으로 편하게 마음을 둘 수 있는 친구와 가족들이다. 세 번째는 패밀리^{family}. 당신의 직장이나 커뮤니티 등 사회적으로 당신과 가장 가까운 사람들이다.

이 세 가지 'F'들이 당신 근처에 얼마나 모이는지가 비즈니스 성공의 열쇠가 될 것이다. 교육 시스템이나 문화가 바뀌면서, 인간관계는 사회적으로 규정한 테두리 안에서 형성된 관계보다 공감으로 창출된 커뮤니티의 관계로 이행되고 있기 때문이다.

'이왕 기댈 바엔 큰 나무 밑이 안전하다'며 믿었던

대기업도 생각보다 안전하지만은 않다는 사실이 알려지면서, 많은 사람이 자신의 삶과 일을 다시 바라보기 시작했다. 그렇기 때문에 리더는 반드시 자신의 삶의 방식과 포부, 표현 방법을 명확히 해야 한다.

세 가지 'F'를 중심으로 한 공감형 비즈니스 모델의 시대가 반드시 온다. 일본에서 한 때 유행한 아케이트(상점가 통로에 지붕을 단 시설) 정책이나 대형 상업시설의 집적은, 화려하고 그럴싸한 건물로 사람을 현혹해 모으려는 시도다. 사람으로 말하면 외모를 관리해서 인기를 끈다고나 할까. 사실 외견은 중요하다. 사람은 일단 내용보단 포장에 눈길이 먼저 간다. 하지만 시간이 흐르면 역시 내용물이 중요해진다.

앞서 말했듯 이제는 '안에서 밖으로'의 시대다. 소상공인을 예로 들자면, 매출 부진을 해결하기 위해 화려한 이벤트를 하는 것도 중요하지만, 상점 주인의 의식부터 바꾸는 것이다.

가게에 손님이 오지 않는 원인을 내부에서부터 찾

아보자. 리더로서 독단하고 있는 지점이 있는지 고민해보고 직원들이 생각하는 해결책이 무엇인지 물어보자. 의외로 해결책은 직원들이 더 잘 알고 있기도 한다. 오너와 달리 직원은 동시에 고객이기도 하기 때문이다. 직원에게 질문하는 것을 리더의 능력 부족이라고 생각지 말자. 경영자의 리더 의식이 바뀌어야 성과도 변하는 법이다. 리더의 변화 없이 팀의 변화는 있을 수 없다.

또한, 리더가 책을 읽고 공부하며, 배운 것을 실천하면서 자기 자신을 갈고닦는 모습은 알게 모르게 구성원들에게 영향을 준다. 지시하지 않고 행동하게 만드는 최고의 방법은 보여주는 것이다. 리더의 일관된 태도에 구성원들은 서서히 감화되어 조금씩 변하게 된다. 그렇게 구성원이 리더를 인정하면 리더의 영향력은 점점 커지고 리더가 직원들에게 건네는 말의 힘도 커진다. 구성원들이 리더와 자신을 동일시하면 리더가 성장할수록 자신도 성장한다는 느낌을 받는다. 사람은 자기중요감을 높여주는 리더를 떠나지 않는다. 오히려 당신보다 더 당신을 지키려고 할 것이다.

이 정도의 수준까지 조직이 성장하면 리더의 매력은 조직 전체의 매력이 되고, 손님들은 매력적인 구성원들이 모인 당신의 가게로 모여든다. 직원도 손님들의 성원에 마음을 담아 서비스를 제공한다. 최종적으로는 손님이 팬이 되고, 프렌드가 되고 패밀리가 되어 당신을 대신해 당신의 매력을 널리 퍼트리게 된다. 이것이 바로 가만히 있어도 사람이 따르는 매력적인 리더가 되는 과정이다. 모든 것이 선순환되는 이 과정은 리더가 크게 바뀌지 않는 한 반영구적인 성질을 가지고 있다. 화려하고 거대하기만 한 매력과는 근본부터 다르다. 어느 시대든 사람들은 매력적인 곳으로 모인다. 당신 주변의 모든 변화는 모두 당신 마음속에서부터 시작된다는 것을 명심하자.

2장

왠지 끌리는 사람의 특징

놓치면 손해 볼 것 같은 사람

'우리 모두 힘을 모아'

아주 근사한 말이다. 하지만 이 말이 실제로 이루어지는 경우는 자립한 사람들끼리 힘을 합쳤을 때뿐이다.

당신은 무언가를 시작하려고 할 때 누군가에게 함께하자고 제의한 적이 있는가? 나는 있다. 처음 장사를 시작할 때 친구들에게 동업을 제안했다가 결국 내 역량 부족으로 1, 2년 만에 사이가 멀어졌다.

앞서 말한 '자립한 사람들'이라는 표현은 한 선배

경영자가 해준 냉엄한 말이다. 이제는 무슨 의미인지 뼈저리게 이해한다.

첫 창업 당시 나는 힘을 합치기보다는 그저 그들에게 힘을 빌리고 싶었기 때문에 '모두 함께'라는 그 럴싸한 말을 썼던 것이다. 물론 함께 힘을 모으는 행위는 가치 있다. 하지만 '혼자서라도 한다'는 각오 없이는 꺼내면 안 되는 말이다. '혼자서라도 한다'는 각오로 임하는 사람에게는 그 사람만의 분위기가 있다. 각오를 했다는 사실만으로도 아우라가 생기는 것이다.

어느 날, 내 친구이자 동료 경영자에게 한 이십 대 젊은이가 자신이 주최하는 이벤트의 협력을 부탁하러 온 적이 있다. 그 젊은이는 나도 모르게 "내가 협력하죠"라고 끼어들고 싶을 정도로 아주 신뢰 가는 분위기를 지닌 청년이었다.

친구는 이미 협력할 마음이 가득했음에도 "내가 협력하지 않으면 어떡할 거죠?"라며 조금 심술궂게 질문했다. 그러자 그 젊은이는 밝게 미소 지으며 대답했다.

"으음, 알겠습니다. 다음에 다시 오겠습니다. 시간 내주셔서 감사합니다."

그러고는 바로 짐을 꾸리며 자리를 뜰 준비를 했다. 친구는 당황했다.

"이봐요, 잠깐, 알았어요. 협력하죠."

누가 부탁하는 입장인지 헷갈리는 콩트 같은 상황이었다. 젊은이가 돌아간 뒤, 내 친구에게 협력의 이유를 물었더니 이런 대답이 돌아왔다.

"아주 강단 있는 친구야. 내가 거절한대도 결국 자력으로 어떻게든 할 것 같아. 협력은 요청해도 의존은 안 해. 그래서 왠지 저 친구한테는 말려들고 싶어. 협력하지 않으면 내 쪽만 손해 보는 기분이 들어. 젊은 나이에 굉장해."

말려들고 싶다. 이런 말을 끌어내는 사람은 흔치 않다. '혼자서라도 한다'는 각오를 한 사람에게만 풍기는 분위기가 주변 사람들로 하여금 신뢰감과 매력을 느끼게 하는 것이다.

드러난 꽃보다 감춰진 돌멩이가 더 매력적이다

가령 어떠한 커뮤니티를 만든다고 했을 때, 사람들은 대개 '많은 사람에게 알리자'라고 생각한다. 여기에는 함정이 있다. 사람은 많으면 많을수록 통솔하기 어렵다. 그만큼 다양한 가치관이 모이기 때문이다. 어떠한 목적을 위해 커뮤니티를 만들었지만, 인간관계를 조율하는 데만 치중하다가 본래의 취지가 흐려지는 경우를 많이 봤다. 참 안타까운 일이다.

그렇다면 어떻게 해야 할까? 답은 간단하다. 같은 뜻을 가진 적은 인원으로 시작하면 된다. 의욕이 없거나 반대 의견이 많은 사람을 끌어들이면 문제의 소지만 증가할 뿐이다. 인원이 많고 화려한 편이 기분은 좋을 수 있다. 하지만 앞서 말했듯 진정한 성공은 '안에서 밖으로' 퍼지는 성질을 가지고 있다. 알아주기를 바라지 말고, 알아주는 사람과 시작하는 것이 첫 시작으로는 가장 좋은 방법이다.

나는 직원들과 일 년에 한 번, 연수 겸 벚꽃 축제를 개최하고 있다. 지금은 매년 400명이 넘는 사람들이 모이는 대규모 연수지만, 처음에는 나 혼자였다. 연수에 온 직원들이 지역 풍경에 감동해 자발적으로 축제 형식으로 만든 행사다.

그러자 가게 손님들에게도 소문이 나서 직원을 제외하고도 80명 이상의 참가 신청이 들어왔다. 지역 주민들이 놀라서 내년에는 사람을 줄여달라고 할 정도였다. 하지만 다음 해에는 200명이 신청을 했다. 첫 축제에 왔던 사람들이 입소문을 낸 것이다.

고민 끝에 주민들에게 사정을 이야기했다. 주민들은 다행히 이해해주었고 예정보다 훨씬 많은 인원인 150명을 받아주었다. 더불어 더 이상 참가 인원이 늘어나면 안 되니, 참가자들에게 내년에는 주변 사람들에게 권유하지 말아달라고 당부했다. 하지만 블로그나

SNS를 통해 축제가 알려져 다음 해에도 신청 인원이 늘었다.

인원수를 늘리고 싶지 않은 이유는 하나 더 있었다. 축제라고 해도 일단은 연수다. 단순한 놀이가 아닌 것이다. 본래의 취지를 흐리고 싶지 않았다.

그래서 다음부터는 아예 인원을 한정했다. 하지만 제한이 걸리자마자 참가 희망자들은 훨씬 더 늘었다. 하는 수 없이 주민들과 의논해서 축제를 2부제로 만들기로 했다. 축제가 두 번 열리게 됐으니 연수도 신입과 경력자로 나눠 두 번 실시했다.

참가 신청자가 증가한 가장 큰 요인은 바로 인원 제한이다. 인원을 제한하니 소수만 즐길 수 있다는 프리미엄이 생겨 입소문이 더 난 것이다. 나는 이 현상이 흥미로웠다. 인간은 이상한 생물이다. 직접적으로 오라고 하면 흥미를 보이지 않다가도 말없이 숨어서 무언가 하고 있으면 흥미를 보인다. 사람에게는 호기심이 있어서, 남몰래 즐기는 듯이 보이면 엿보러 다가온다. 일본에는 '감추면 꽃'이라는 옛말이 있다. 소중한 것은 감춰두는 편이 좋다는 의미인데, 축제에서 일어난 현상에 적용해도 들어맞는다. 참가한 소수를 감동시키고, 사람을 많이 모으려 애쓰지 않는 편이 결과적으로 더 큰 매력을 만들어낸다는 사실을 알게 된 사례다.

> 리더는 권력을 거래하는 상인 같은 사람이 아니라 사람들의 마음속 깊이 파고드는 원칙과 가치를 만드는 사람이다.

– 제임스 맥그리거 번스(James Mcgregor Burns)

돌발 상황을 여흥으로 만드는 리더

사람을 좋은 방향으로 이끄는 리더는 주어진 상황을 게임처럼 즐기는 능력이 있다. 예를 들어, 굉장히 기대했던 행사 날에 비가 오면 누구나 조금은 우울해진다. 하지만 유능한 리더는 즉시 이 상황을 어떻게 활용할지 궁리한다. 한숨만 내쉬어봤자 비는 그치지 않기 때문이다. 인생도 마찬가지다. 살다 보면 의지만으로는 어쩔 수 있는 일도 많기 때문에 그 상황을 어떻게 바라보는지가 중요하다. 한 유명한 프로야구 선수가 성적을 비판받았을 때 이런 말을 했다.

"다른 사람의 평가는 제가 컨트롤할 수 없기 때문에 신경을 안 쓰려고 합니다. 제가 컨트롤할 수 있는 건 내일의 타석입니다. 어떻게 승부에 임하고 얼마나 정확하게 타구를 할지만 생각합니다."

나는 이 선수를 삶의 달인이라고 생각한다. 매사를 즐길 줄 아는 사람은 평범한 논밭을 보고도 풍치를 느끼고 시를 쓸 수 있다. 반대로 즐기지 못하는 사람은 상황을 탓하고 남을 원망하면서 울적해한다. 이런 사람은 무엇을 해도 즐겁지 않을 것이다.

　얼마 전 우리 가게에서 동창회가 열렸다. 동창회장은 아주 열정적인 사람이어서 몇 번이나 미리 가게에 들러 참석한 사람들을 어떻게 즐겁게 할지 고민했다. 장소를 빌려줬을 뿐인 나까지 동창회를 고대하게 만들었다. 하지만 유감스럽게도 동창회에는 예정된 인원의 절반밖에 참석하지 않았다. 함께 동창회를 준비한 이들은 실망했고, 오지 않은 사람에게 불만을 품기도 했다. 어찌 보면 당연하다. 하지만 여기서 동창회장이 얼마나 근사한 리더인지가 드러났다. 그는 내게 말했다.

　"사장님, 죄송합니다. 예상 인원의 절반밖에 안 와서 예정된 이벤트를 못하게 됐습니다. 그래도 와준 사람들을 위해 다른 이벤트로 계획을 수정해도 될까요?"

"물론입니다. 할 수 있는 건 전부 합시다."

얼마든지 우울할 수 있는 상황인데, 동창회장은 동창회를 함께 준비한 친구들을 격려하면서 참석한 사람들까지 더할 나위 없이 즐겁게 했다. 매우 공들여 준비한 이벤트가 물거품이 됐으니 다시 동기를 부여하기 힘들 텐데도 능수능란하게 분위기를 좋은 방향으로 만들었다. 나는 그의 지휘에 진심으로 감동했다. 동창회가 끝나고 해산하기 전에 그는 이렇게 말했다.

"역시 이벤트에는 돌발 상황이 있네요. 그걸 예상하지 못한 제 잘못이죠. 오늘은 정말 감사합니다."

이 '리더의 등'은 내 뇌리에 아직도 선명하게 남아 있다.

화창한 날은 화창함을, 비 오는 날은 비를 즐길 줄 아는 사람에게는 반드시 사람이 모여든다. 맑은 날이 있으면, 궂은 날도 있다. 하지만 곰곰이 생각해보면 날씨야 어떻든 간에 얼마든지 즐길 수 있다.

나에게는 컨트롤할 수 없는 상황 때문에 괴로울 때마다 혼자 마음속으로 되뇌는 주문이 있다. 마음이 가벼워지는 마법의 말이다. 공감이 된다면 따라 해보기 바란다.

　'의도치 않게 일어나는 모든 일들은 인생을 빛나게 하는 엔터테인먼트다!'

3장

누군가를 위해
기꺼이 애쓰는 이유

눈칫밥 먹이는 리더와는 겸상도 안 한다

리더로 살다 보면 다양한 사건을 마주한다. 리더의 일은 이론과 논리만으로 진행되지 않는다. 어떤 일이 벌어질지 한 치 앞도 모르기 때문에 리더는 항상 평정심을 유지하려고 노력해야 한다. 예를 들어 개인적으로 안 좋은 일이 있는 상황에서 업무상 충돌이 발생했을 때, 부하 직원에게 화풀이하거나 불쾌한 분위기를 조성하는 것은 리더로서 그릇이 작음을 스스로 드러내는 것과 같다. 그 사례를 하나 말해주겠다.

중소기업을 함께 경영하는 남매를 알고 있다. 장사 수완이 좋은 누나가 스물세 살 때 혼자 창업해 남동생과 운영 중인 회사다. 누나는 놀라울 정도로 차분하지만 심지는 강하다. 남동생은 활기차고 개구진 청년이다. 어느 날 내가 누나와 대화를 나누는 도중에 남동생이 상기된 표정으로 사무실에 들어왔다. 거래처와 문제가 발생했는지 누나에게 거의 분풀이하듯 보고했다. 보고를 들은 누나는 남동생에게 어떤 지시를 내렸지만, 남동생은 전혀 따르려고 하지 않았다. 그러자 누나는 깜짝 놀랄 정도로 남동생에게 화를 냈다. 남동생은 누나를 노려보며 씩씩거렸다. 누나도 마찬가지였다. 나는 남매간의 싸움을 말없이 듣고만 있었다.

'이거 진정되려면 시간 좀 걸리겠어'라고 생각하는 찰나에, 손님이 들어왔다. 그러자 누나는 바로 조금 전까지 붉으락푸르락하던 게 마치 거짓말인 것처럼 "어머, 오랜만이에요. 어서 오세요"라며 얼굴 한가득 미소를 지은 채 손님을 맞이했다. 나는 그녀의 급작스러운 태도 변화에 깜짝 놀랐다. 그에 비해 남동생은 여전히 화가 가득한 얼굴로 사무실을 박차고 나갔다. 직원들은 그의 표정을 살피며 눈치를 봤다. 사장이 그런 얼굴을 하면 나라도 눈치를 볼 것이다. 손님이 간 뒤, 나는 누나에게 물었다.

"화가 많이 나셨던데, 어떻게 표정이 금방 바뀌세요?"

"그야 다른 사람과는 아무 상관도 없는 일이잖아요. 저는 남동생과 싸운 거고, 주변에는 아무 피해가 없어야죠."

그녀처럼 감정적이지 않는 리더는 부하 직원에게 안정감을 주어 편안한 분위기를 조성한다. 부하 직원은 리더 본인의 생각하는 것보다 리더의 표정이나 기분을 살핀다. 리더의 감정은 조직 전체의 분위기를 좌우하기도 한다. 리더의 잦은 감정 변화는 어떤 의미에서 조직 운영에 가장 큰 걸림돌일 수 있다. 내가 인생의 스승으로 따르는 분이 늘 하던 말씀이 있다.

"리더라면 자신의 기분은 자신이 알아서 조절하라."

그렇다. 조직의 안정감은 리더의 안정감에서 태어나는 것이다.

사람들은 리더의 말은 귀담아듣지 않지만 행동은 꼭 따라 한다.

– 제임스 볼드윈(James Baldwin)

세상에서 가장 강력한 동기 '그냥 좋아서'

사람의 행동에는 동기가 필요하다. 동기를 유발하는 요소로는 크게 두 종류가 있다. 아니, 사실 두 종류밖에 없다. 하나는 '사랑' 또 하나는 '두려움'이다. '사랑'은 배려라고도 할 수도 있는데, 신뢰를 바탕으로 한 소통을 기본으로 한다. 한편 '두려움'은 명령이나 상벌로 사람을 관리하는 방법이다.

사람의 호감을 사는 사람은 당연히 사랑의 동기부여를 주로 이용한다. 즉, 사랑이 있는 사람이 사람을 끌어당긴다. 당신이 사랑의 동기부여를 이용할 수 있다면, 주변 사람들은 언제든 당신을 위해서 기꺼이 애쓸 것이다. 반대로 공포의 동기부여를 이용한다면, 겉으로는 당신을 따르더라도 틀림없이 속으로는 미워하고 있을 것이다. 이 두 가지 동기부여는 연애, 육아, 비즈니스 등에도 적용할 수 있다. 큰 소리로 야단치거나 폭력을 휘두름으로써 애인이나 아내, 자식, 또는 부하 직원을 자신의 뜻대로 움직이게 하려는 사람은 '두려움'의 동기부여를 이용하는 전형적인 유형이다. 피라미드형 조직에서 이런 경향이 주로 나타난다.

"내 말대로 해, 그렇지 않으면 너에게 불이익이 돌아갈 거야."

이처럼 직접적으로 말하지 않더라도 부하 직원에게 협박이나 다름없는 지시를 내리는 조직은 많다. 꼭 말이 아니더라도 따르지 않았을 때의 보복을 넌지시 알림으로써 위협한다. 피라미드형 조직을 선호하는 사람은 두려움의 동기부여를 이용해야 조직이 성립된다고 믿는다. 하지만 역사 속 권력의 변천을 돌아보면, 피라미드형 조직은 오랫동안 유지되지 않는다는 걸 알 수 있다. 약자였던 부하가 성장하면서 점차 두려움의 동기부여의 효과가 사라지기 때문이다. 그 시점부터 균형이 깨지기 시작하고 결국 피라미드는 붕괴되는 것이다.

사랑으로 동기를 부여한 조직은, 조직의 형태를 아무리 변형해도 문제가 생기지 않는다. 사랑으로 움직이는 구성원들은 그저 '이 사람이 좋아서,' '이 회사에 도움이 되고 싶어서' 행동하기 때문이다.

이런 분위기가 확립된 팀이라면 딱히 세심히 주의를 기울이지 않아도 나쁜 방향으로 흘러가지 않는다. 성과는 확대되고, 팀으로서도 아주 매력적인 분위기를 띠게 된다. 이 세상 최고의 동기는 '그냥 좋아서'다.

사람들은 사회 속 다양한 원칙의 틀에 갇혀 살지만, 어떤 원칙도 '그냥 좋아서'를 이기지 못한다. 요컨대, '사람의 호감을 사는 힘' 만큼 강력한 매력은 존재하지 않는다. 당신이 어떤 동기부여 방식으로 사람을 대하는지 한번 생각해보자.

사람을 움직이는 리더의 파장

이 책을 읽는 사람이라면 아마 부하 직원이 최소한두 명은 있을 것이다. 가령 부하 직원이 실수를 저지르거나 당신 뜻에 따르지 않을 때, 다른 부하 직원 앞에서 그 사람의 험담을 한 적이 있는가? 경영자들끼리 이야기를 하다 보면 반드시 직원이 화제에 오르곤 한다. 회사의 보물은 사람이라는 사실을 알고 직원들을 소중히 여기는 마음은 대부분의 리더가 가지고 있지만 막상 "그렇다면 회사에서 직원들을 어떻게 대하고 있습니까?"라고 물으면 선뜻 대답을 못 하는 리더가 많다.

당신은 어떤가? 오늘도 회사를 위해 일하고 있는 직원들과 어떻게 소통하고 있는가. 사업을 번성시키기 위해 어떤 마음으로 직원을 대하고 있는가. 많은 경영자들과 이야기를 나누다가 깨달은 점이 하나 있는데,

번성하는 회사의 경영자들은 대부분 직원들에게 진심으로 고마워한다는 사실이다. 겉으로만이 아니라 진심으로 '모두 직원들 덕'이라고 생각하고 있다. 이는 성공한 리더들의 공통점이다. 진심을 담아 고맙다고 말하는 리더에게는 누구나 '이 사람과 함께 일하고 싶다'는 마음이 들 것이다. 현재 나는 경영자의 입장이지만, 만약 직원의 입장이라면 그런 리더 밑에서 일하고 싶을 것 같다.

반대로 '저 친구는 쓸 만해', '저 친구는 안 되겠어'라며 마치 직원을 장기말 다루듯이 여기는 경영자도 많다. 만약 당신이 그런 경영자 밑에서 일한다면 그를 위해서 열심히 일하고 싶을까. 틀림없이 의욕은 떨어지고 기대 이상의 업무는커녕, 기대만큼도 일하지 않게 될 것이다. 리더가 말하는 '저 친구는 안 되겠어'라는 말은 '나에게는 남을 행동하게 하는 재능이 없어'라며 자신의 역량 부족을 시인하는 것과 같은 말이다. 게다가 '직원이 일을 안 한다', '쓸 만한 녀석이 안 들어

온다'라며 불만을 토로하는 리더는 제 얼굴에 침을 뱉고 있는지도 모르는 무식한 리더다. 부하 직원은 리더가 뿜어내는 파장에 반응한다. 사람은 매력적인 무언가를 위해 자신의 열정을 쏟는다. 그 대상이 한 조직의 리더라면 부하 직원은 본인의 평소 실력 이상의 능력을 발휘한다. 왜냐하면 사람이 좋아서, 그를 돕고 싶고 그에게 인정받고 싶기 때문이다.

당연한 말이지만 리더가 직원에게 고마워하면 직원도 리더에게 고마워한다. 좋은 리더가 되려면 열심히 일하는 직원에게 고마워하는 일부터 시작해야 한다. 당신이 어떻게 하느냐에 따라서 직원은 당신의 독이 되기도 하고, 보물이 되기도 한다.

> 리더의 조건이요? '저 사람과 일하고 싶다, 저 사람과 밥 먹고 싶다, 저 사람을 만나면 힘이 생기는 것 같다'는 생각이 들게 하는 인물이지요.
> ─ 제임스 버그(James Burg)

밝은 미래를 비추는 리더의 말

부하 직원은 겉으로 티는 안 내지만 리더의 사소한 말과 행동에 귀를 기울이고 있다. 리더가 무심코 던지는 직원과 회사에 대한 이야기에 촉각이 곤두서 있기 때문에 리더는 가벼운 농담일지라도 조심스럽게 내뱉어야 한다.

리더가 자꾸만 회사의 미래가 불안하다는 듯한 뉘앙스로 말한다거나 직원에게 대놓고 개인적인 호감이나 비호감을 표현한다면 따르는 사람의 입장은 어떻겠는가. 직원 개인도 어떠한 꿈을 품고 이 조직에 몸담고 있을 터인데, 리더라는 사람이 자신을 따르고 있는 사람에게 조직의 미래가 불투명하다고 떠드는 게 얼마나 어처구니없는 모습인가. 구성원의 시야와 리더의 시야는 애초에 다르기 때문에 상황을 받아들이는 감각에도 극명한 차이가 난다. 리더는 기본적으로 주인 의식이 강하기 때문에 쉽게 흔들리지 않지만, 일정한 보상을 받으며 일하는 구성원은 리더보다 훨씬 더 쉽게 마음이 흔들릴 수 있다. 리더가 흔들리면 아랫사람은 그 세 배는 더 흔들린다는 걸 명심해야 한다.

물론 리더 역시 기호가 있는 사람이기 때문에, 마음에 드는 직원과 그렇지 않은 직원이 있을 수 있다. 때로는 누군가에게 자신의 고충을 털어놓고 싶을 때도 있고 마음을 알아주는 내 편이 있기를 바라기도 한다. 사람이니까 당연히 그럴 수 있다. 하지만 그 대상이 당신이 이끄는 조직의 구성원들이어서는 안 된다.

구성원들 입장에서는 차별을 받는다고 느낄 수 있고, 파벌을 만든다고 오해할 수 있다. 왜냐하면 자신감이 없는 리더일수록 남을 나쁘게 말해서라도 자기 편을 만들려고 하는 법이기 때문이다.

어지간하면 부하 직원 앞에서는 큰 고민 없는 태도를 취하는 게 좋다. 차라리 조직과 최대한 관계가 없고, 자신보다 경험이 많은 상대에게 상담하는 게 낫다. 리더의 자리는 조직을 위해서 티 내지 말아야 하는 것이 많은 자리다.

나는 지금까지 좋은 선배와 스승으로 삼을 만한 리더들을 많이 만나왔지만, 그들 중 나에게 자신의 조직에 대한 불만을 토로하는 사람은 아무도 없었다.

얼마 전 한 경영자 선배와 오랜만에 술자리를 할 기회가 있었다. 5년 만이었다. 나와 비슷하게 경영과 집필, 강연 활동을 병행하는 선배라서 종종 전화로 자문한 적도 많다. 선배가 술을 마시면서 물었다.

"너 지금 나이가 몇이지?"

"서른아홉입니다."

나는 뻔하게 '젊어서 부럽다' 정도의 반응을 기대했는데, 돌아온 반응은 예상과 전혀 달랐다.

"뭐? 아직도 삼십 대야? 고생이 많겠구나. 사십 대가 얼마나 좋은데, 어서 진입하렴. 내가 아는 분은 오십 대가 훨씬 좋다고 하더라."

나는 막연히 나이 드는 게 싫기만 했는데 선배의 말 덕에 조금은 기대감이 생겼다. 이처럼 밝은 미래를 비춰주는 말은 실제 그 결과가 어떻게 될지는 알 수 없지만 당시에는 큰 힘이 된다.

어차피 앞날은 예측할 수 없는데, 굳이 부정적인 미래를 말할 필요는 없다. 능력 있는 리더가 되려면 먼저 스스로 감정을 다스리는 능력부터 길러야 한다. 감정 조절을 못해 직원에게 쏟아내는 한심한 리더가 되지는 말자.

좋은 리더는 구성원들이 변방이 아닌
핵심에서 일하고 있다고 느끼게 해준다.

– 프레드 코프만(Fred Kofman)

4장

리더의 가치를
떨어뜨리는 요소

자신도 모르게 걸리는 '리더병'

"이건 이렇게 하면 됩니다" 정도의 간단한 조언조차도 하기 힘든 사람이 있다. 남에게 이런저런 소리를 듣는 것 자체를 기분 나빠하고 작은 비판에도 무척 예민하기 반응한다. 이들에겐 가벼운 말도 붙이기 어렵다. 반대로 "고맙습니다. 놓친 걸 알려주셔서 감사합니다. 앞으로 주의하겠습니다. 또 언제든지 조언해주세요"라며 다른 사람의 의견을 적극적으로 경청하는 사람도 있다. 어느 쪽이 크게 성장할지는 말할 필요도 없다.

사람들은 '무엇보다 지도력이 가장 중요하다'면서 우수한 리더가 등장하기를 바라지만, 그전에 우수한 지도를 받아들일 줄 아는 사람이 되려는 노력은 하지 않는다. 다른 사람이 따끔한 소리를 한다고 해서 무작정 기분 나빠해서는 안 된다. 그런 태도로는 아무리 좋은 소리를 들어도 성장하지 못한다. 오히려 그들을 소중히 여겨야 한다. 아무도 싫은 소리를 좋아서 하지는 않는다.

리더도 마찬가지다. 사람은 지도를 하기도 하고, 때로는 지도를 받기도 한다. 리더는 어지간하면 남에게 지적하는 입장이다 보니 반대로 자신이 지적당하면 굉장히 불쾌해하거나 화를 내는 경우가 많다. 리더의 자리에 오래 있다 보니 지도 받을 때 어떤 자세를 취해야 하는지 잊어버리는 것이다. 그런 리더가 아무리 부하 직원에게 좋은 이야기를 해봤자 받아들여질 리 없다. 이 부분은 많은 리더들이 놓치지 쉬운 부분이니 주의해야 한다. 남의 말에 귀 기울이지 않는 리더는 '리더병'에 걸린 것이다. 당신이 현재 리더의 자리에 있다면 자신을 한 번쯤 의심해보는 편이 좋다. 구성원들은 알려주지 않는다. 벌거숭이 임금님의 미래는 쓸쓸한 법이다. 리더로서 지도력을 갈고닦는 일은 중요하지만, 리더 역시 지도를 받아들이는 자세를 갖춰야 한다는 것을 명심하자.

리더십이란 오케스트라의 지휘자처럼 다른 이들 속에 잠재된 가능성을 깨워서 꽃피게 해주는 것 아니겠습니까.

– 벤자민 젠더(Benjamin Zander)

속 좁은 리더에게는 마음을 열지 않는다

리더는 좋든 싫든 간에 여러 사람의 눈에 노출된 존재다. 그중 당연히 직원들의 눈이 가장 매섭다. 예상치 못한 지점에서 부하 직원에게 실망을 주는 경우도 많다. 겉으로 표현은 하지 않지만 부하 직원은 리더가 얼마나 속이 깊고 호탕한 성격인지 지켜보고 있다. 그러다 '이 리더는 그릇이 작아'라고 판단하고 따르지 않기도 한다. 하지만 그렇다고 호방한 리더로 보이기 위해 지나친 허세를 부리면 오히려 역효과가 난다. 적당한 정도를 가늠하는 건 쉽지 않지만, 최소한 다음 사항은 주의하자.

첫째, 직원의 공적을 가로채지 않는다.

당연한 소리 같지만, 대놓고 공적을 가로채는 경우보다 교묘한 방법을 쓰다가 신뢰를 잃는 리더가 많다. 설령 리더의 공적일지라도 모든 업무는 다른 사람의 도움 없이는 할 수 없다. 좋은 리더가 되려면 설령 자신이 한 일이라도 '그 친구 덕이야'라며 부하 직원의 공으로 돌릴 정도의 그릇은 갖추고 있어야 한다.

둘째, 성장하는 직원을 억누르지 않는다.

차세대의 등장은 기쁜 일이지 저지할 일이 아니다. 그렇게까지 해서 기득권을 지켜봤자, 그 자체가 자리를 유지할 힘이 없다는 증거와도 같다. '내 자리를 빼앗기는 게 아닐까?'라며 속 좁게 생각하지 말고, 자신이 아는 것은 가르쳐주면서 부하 직원의 성공을 돕자. 기술은 언젠가는 추월당하게 된다. 앞서 말했듯이 리더는 기술보다는 통찰로 자신의 가치를 드러낸다. 그리고 그 가치를 알아봐주는 것은 리더를 항상 지켜보고 있는 부하 직원이라는 것을 명심하자.

리더의 SNS

리더가 또 하나 조심해야 하는 것이 있다. 바로 SNS다.

SNS는 이제 일상적으로도 업무적으로도 우리의 삶에 깊게 스며들었다. 다양한 정보가 밤낮으로 셀 수 없을 만큼 어지러이 떠돌고 있다. 이제는 기억도 잘 안 나는 인터넷이 없던 시대와 비교하면 그 정보량은 어마어마하다.

SNS에는 개인의 정보와 사생활, 심지어 인간성을 유추할 수 있을 만한 요소까지 여실히 노출된다. 개인의 자유이기에 별 문제는 없지만, 리더라면 주의할 점이 있다.

얼마 전, 한 회사의 젊은 참모가 우리 가게에 놀러 와서 여러 가지 불만을 털어놓았는데, 조금 취기가 돌았는지 사장에 대한 고민을 말하기 시작했다. 그의 회사 사장은 아주 사교적이라서 여러 모임에 자주 참석한다고 한다. 그는 사장의 성격을 잘 알기 때문에 아무렇지도 않았지만, 다른 직원들의 마음은 달랐다. 어느 날, 한 직원이 그에게 찾아와 사장에 대해 이렇게 건의했다.

"사장님은 대체 업무 시간에 뭘 하시는 겁니까? 직원에게는 일치단결이니 뭐니 그럴듯하게 말하면서 정작 본인은 놀러 다니는 사장을 직원들이 믿고 따를 수 있겠습니까?"

회사가 눈코 뜰 새 없이 바쁜 시기였다. 사장은 아침 조례 때마다 "모두 일치단결해서 열심히 일해보자"라고 격려하면서도 본인은 업무 시간에 업무와 전혀 관계없는 모임에 참석해 골프를 치거나 파티를 즐기는 사진을 SNS에 왕창 업로드했다. 당연하게도 직원들은 불만이 쌓였다.

직원들의 불만을 알게 된 그는 참모의 자격으로

사장에게 조언했다.

"사장님, 아무래도 신경 좀 쓰셔야 할 것 같습니다."

"월급만 잘 주면 됐지, 내가 뭘 하든 무슨 상관이야?"

그의 조언에도 사장은 완고했다.

"차라리 SNS가 생기기 전에 '사장님은 어디 가셨냐'라며 이리저리 찾으러 다니던 시절이 훨씬 즐거웠어요."

그는 양측 사이에서 이러지도 저러지도 못하고 난감해했다. 하긴 SNS는 개인의 것이고 사장에게는 사장만의 사정이 있는 법이라고 말해버리면 그만이지만 아무리 그래도 리더라면 자신을 따르는 사람의 기분을 배려할 줄 알아야 한다.

아무리 월급을 준다지만 그렇다고 직원을 함부로 대해도 되는 건 아니다. 똑같은 사람이다. 자신이 따르는 리더가 못마땅하면 일할 의욕도 사라지는 법이다. 회사 입장에서는 좋을 게 하나도 없다. 또한 직원들이 리더에게 '놀기만 하는 사람'이라고 꼬리표 붙이면 장기적으로 리더에게 치명적이다. 실제로 요즘엔 직원을 채용할 때나, 거래처와의 계약 여부를 결정할 때도 상대의 SNS 살펴보고 판단하기도 한다.

리더가 놀면 안 된다거나 개인적으로 즐기는 모습을 SNS에 업로드하면 안 된다는 말이 아니다. 그저 자신을 따르는 사람들의 마음을 고려하라는 것이다. 고작해야 SNS라고 우습게 보지 말고, 자신을 브랜딩 하는 도구라고 생각하기 바란다.

인간이 현명해지는 것은 경험에 의한 것이 아니고 경험에 대처하는 능력에 의한 것이다.

- 조지 버나드 쇼(George Bernard Shaw)

인생과 조직의 세 가지 고개

사업이 성공하면 세상의 시선은 당연히 리더에게 집중된다. 성공하면 할수록 주변에서 리더를 대하는 태도도 바뀐다. 언뜻 기쁜 일이기는 하지만 함정도 많다. 모든 롤플레잉 게임이 레벨이 높아지고 스테이지를 거듭할수록 어려워지듯이 리더의 역할 역시 겨우 수월해졌다고 느낄 때쯤 생각지 못한 문제에 맞닥뜨린다.

인생에는 세 가지 고개가 있다고 한다. 하나는 오르막 고개, 다른 하나는 내리막 고개, 마지막 하나는 '예기치 못한 고개'다.

인생에 오르막이 있으면 내리막도 있다는 사실은 누구나 알고 있기 때문에 어느 정도 대비할 수 있지만, 사실 삶이 쉽지 않은 이유는 언제나 예기치 못한 문제에 당면하기 때문이다. 특히 조직을 운영할 때는 애초에 변수로 인한 피해를 미리 상정해야 한다. 그래야 치명적인 타격을 피할 수 있고, 다시 딛고 일어설 수 있는 여력을 준비할 수 있다.

또한 당신이 리더로서 성과를 달성하면 주변에서는 당신에 대해 칭찬 일색일 것이고, 금융기관에서는 융자 한도를 올려주겠다며 연락이 올 것이다. 언뜻 보면 좋은 일투성이다. 하지만 세상은 시험의 연속이라 했던가. 아무리 멀리 가든 올라가든 간에 '이제 완벽해'라고 느끼는 일은 없고, 어떤 지위에 있고 아무리 유명한 사람이든 간에 시련은 있다. 남의 칭찬을 받는 사람일수록 주변에는 더 많은 함정이 도사리고 있는 경우가 많다.

그렇다면 어떻게 해야 함정에 빠지지 않을까? 사실 방법은 간단하다. 지금 자신의 처지는 특별할 것이 없고, 단순히 하나의 역할을 맡은 거라고 생각할 것. 이런 자세라면 아무리 주변에서 추어올리더라도 개의치 않을 수 있다.

우리가 잘 아는 천재라는 단어는 단순히 굉장한 재능을 가졌다는 의미가 아니라, 하늘이 남을 도우라고 준 재능이라는 뜻이다. 잘난 척이나 하라고 준 것이 아니다.

재능이 있는 리더라면 이렇게 겸손한 마음으로 그저 담담히 재능을 활용하면 된다. 그러면 어떠한 처지에 놓이더라도 크게 넘어질 일은 없다. 주어진 것은 덤이고, 성공하면 사람들이 추어올려준다는 사실을 처음부터 인지하고 있으면 높은 지위를 얻어도 변하지 않을 수 있다

인간은 본래 빈손으로 왔다. 마음을 초심에 두려고 노력하자. 감사하는 마음으로 능력이 생기더라도 잘난 척하거나 우쭐해지지 말자. 그래야 설령 모두 잃었을 지라도 다시 시작할 수 있다. 물론 추어올리는 사람이 나쁜 것은 아니다. 거기에 올라타는 사람이 무른 것이다. 앞서 말했듯이 지위나 칭찬은 하늘의 시험이라고 생각하자.

"자, 너에게 이 자리를 주겠네. 어떻게 활용하겠나?"라고 항상 시험받고 있다고 생각하고 차분하게 해야 할 일을 해나가자.

> 시대가 변하면 모든 것이 다 변하는 법이다. 옛날의 선(善)이 지금의 선(善)으로 통용될 수 있다고 말할 수 없다.
>
> – 한비자(韓非)

5장

배움을 실천하는
리더의 아우라

책이 너절해질수록 리더는 견고해진다

리더가 지녀야 할 자질 중 하나는 '만족을 모르는 기질'일지도 모른다. 언제나 성과에 목마르고 향상심을 느끼는 사람은 체내에 무한 동력이 있는 것과 같다. 허기와 갈증을 잘 느끼지 않는 사람은 중간에 연료가 떨어진 것처럼 배움을 그만둔다. 배움을 그만둔다는 것은 리더로서의 수명이 끝났다는 말이다.

나는 아직도 만족하지 못한다. 가게가 늘어나고, 저서가 잘 팔린다고 해도 100퍼센트의 만족은 없다.

주변에서는 그렇게 쉴 새 없이 뛰면 어느 순간 탈진한다며 우려의 목소리를 내지만 사실 나는 전혀 힘들지 않다. 마지못해 하는 일이라면 금방 힘에 부쳤을 테지만 나는 지금 공사 구분도 잘 되지 않는 상태다. 한 가지 일이 끝나도 다음엔 어떤 일이 기다릴지 생각하면 설렌다. 꿈을 좇는다기보다 꿈속에 살고 있는 감각에 가깝다.

갈증은 어떤 의미에서 호기심과 바꿔 말할 수 있는데, 젊을 때는 그 욕구가 지금보다 훨씬 강했다. 훌륭한 사람과 만나고 싶었고 나도 더 높이 올라가고 싶었다. 내가 어떻게 살아야 할지 누군가가 가르쳐주기를 원했다. 그런 내 모습을 보고 한 경영자는 배움에 있어서 책 이상의 도구가 없다는 것을 알려줬다. 그분은 항상 책을 읽었다. 그리고 내게 늘 말했다.

"리더는 바쁘니까 책을 스승으로 삼아야 하네."

"책이요?"

"그래, 책이 얼마나 좋은지 아나? 저자의 모든 경

험과 에너지가 농축된 결과물 아닌가. 만나서 몇 번 이야기하는 것보다 책을 읽는 편이 훨씬 효율적이네. 반복해서 읽다 보면 언젠가 자신의 언어로 전달할 수 있게 된다네. 자네 책장에는 너덜너덜해진 책이 몇 권이나 있나?"

지금은 책을 쓰는 입장이 되어 털어놓기 부끄럽지만, 그때까지 나는 진지하게 책을 읽은 적이 없었다. 경영자가 된 뒤로도 일단 서점에 가서 책을 사기는 했지만, 책장의 책들은 새 것 그대로였다. 너덜너덜해지기는커녕, 끝까지 읽지 않은 책들이 산더미처럼 쌓여 있었다. 그 사실을 듣고 그가 말했다.

"책에는 엄청난 에너지가 들어 있다네. 자신에게 맞는 책을 찾아 무조건 몇 번이고 읽게나. 그러지 않으면 참고서만 사는 수험생과 다를 게 없어. 아무튼 책을 한 권 읽고 현장에서 활용해보게. 성공한 사람들은 모두 책을 자기편으로 삼고 있어. 내 생각에 스승은 책이면 충분하네."

책을 내 편으로 하라. 이 말은 지금도 내 마음속에서 살아 숨 쉬고 있다.

그때부터 나는 독서 스타일을 바꿨다. 내게 맞는 책을 찾기 위해 근처 서점으로 가 한나절 정도 책을 뒤적거렸더니 서점 직원이 의아한 시선을 보내기도 했다.

시간이 지나 책을 쓰기 시작할 무렵, 편집자가 내게 한 말이 있다. 한 권으로 끝나지 않고 계속 쓸 수 있는 사람은 책장을 보면 단번에 알 수 있다는 것이다. 책장에 너덜너덜해진 책의 양으로 판단이 가능한데, 여러 책을 읽는 사람은 편집자 타입이고 책 한 권을 반복해서 읽는 사람은 저자가 될 타입이라고 한다.

틈날 때마다 책에 밑줄을 그으며 몇 번이고 읽다 보면 신기한 일이 일어난다. 의도하지 않아도 그 책의 요점을 내 언어로 전할 수 있게 된다. 거기에 자신의 체험까지 덧붙여서 말하는 게 가능해진다. 그 책에서 하고자 하는 메시지가 체화되는 것이다. 훈련을 통해 누구나 가능하다. 깨닫고 보니 나는 정말 어리석은 짓을 하고 있었다. 성공한 사람을 한두 번 만났다고 해서 그 사람의 본질적인 부분을 이해할 리 없는데도, 나 혼자 착각하고 멋대로 직원들에게 강요했다. 심지어 받아들이지 않는다며 짜증을 냈다.

당신은 나와 같은 잘못을 저지르지 않기 바란다. 단순히 책을 많이 읽는다고 해서 반드시 성공한다는 보장은 없다. 오히려 머릿속이 꽉 차서 길을 헤매는 일도 있다. 하지만 실천하고 시행착오를 거치며 읽는 책은 절대 당신을 배신하지 않는다. 리더여, 책이라는 에너지를 내 편으로 만들자.

리더의 독서^{讀書}는 자칫하면 독서^{毒書}가 된다

책 이야기를 하는 김에 자기계발서에 대해서도 말해보자. 나는 자기계발을 '자신에게 의욕을 불어넣는다'는 의미로 사용한다. 다양한 자기계발서가 끊임없이 출간되고 있다. 하지만 그 모든 책을 맹신해서는 안 된다. 이는 생각보다 중요한 문제다. 어떤 사람을 만나는지에 따라 인생이 바뀌듯, 주로 읽는 책도 인생에 큰 영향을 미친다. 독서하는 리더라면 책이 회사의 앞날을 좌우한다고 해도 과언이 아닐 정도다. 그렇기 때문에 우리의 고개를 갸웃하게 만드는 책에 대해서 다시 한 번 생각해봐야 한다.

예를 들면, '3일이면 꿈을 이루는 ○○○', '노력 없이 ○○에 성공하는 방법'과 같은 종류의 책이다. 설사 사실이라고 해도 3일 만에 이뤄내는 것을 과연 꿈이라고 부를 수 있을까, 노력은 정말 불필요한 걸까.

단연코 성공이나 성장에 지름길은 없다. 사람의 성장은 수많은 도전과 실패 안에서 나름의 배울 점을 찾아내는지에 달린 것이다. 애초에 자기계발의 고전이나 바이블로 인정받는 책에는 '3일 만에', '노력 없이' 따위의 속 편한 방법 같은 건 적혀 있지도 않다.

편하게 성공하려는 것은 아무런 노력 없이 그저 상상만으로 억만장자가 되거나 모델 같은 몸매를 가질 수 있다고 믿는 것과 같다. 정작 성공한 모델이나 억만장자는 지름길을 찾아다니는 사람의 말 따윈 신경 쓰지 않는다. 오히려 코웃음 치면서 비웃기 십상이다. 물론 효율적으로 일하는 건 좋다. 하지만 반복적인 실천 없이 편하게 사는 법을 알려준다는 책을 아무리 읽어봤자 실제로는 도움이 되지 않는다. 진정 성공하는 리더는 지름길을 찾아 우회하려는 사람을 곁눈질하면서, 착실하게 하루하루 실력을 키워 목표에 한 걸음씩 다가간다.

당신 주변 사람 중 꾸준함으로 성공에 다다른 사람에게 "당신이 삶의 지침서로 삼는 책은 무엇입니까?" 하고 물어보자. 필시 지름길을 말하는 책을 드는 사람은 없을 것이다. 다시 한 번 말하지만 진정한 자기계발에 지름길은 없다. 지름길은 달콤한 말로 당신을 유혹하지만 결국 잠시의 만족을 주는 아편일 뿐이다. 근육이 자라나는 원리와 마찬가지로 사람의 마음도 약간의 부하를 주어야 강해진다. 리더들이여 '독서讀書'는 자칫하면 '독서毒書'가 된다는 사실을 깨닫고 좋은 책을 선별하는 안목을 기르자.

> 21세기의 문맹은 글을 읽고 쓸 줄 모르는 사람이 아니다. 배우려 하지 않고, 낡은 지식을 버리고 새 것을 학습하는 능력이 없는 사람이다.
>
> – 앨빈 토플러(Alvin Toffler)

이론의 모순 : 경영 컨설턴트도 경영 부진으로 도산한다

주변에 지혜로운 사람이 많으면 인생이 풍요로워진다. 그렇다면 지혜로운 사람은 어떤 사람일까. 대답은 간단하다. 경험이 많은 사람이다. 책을 송두리째 외웠다고 해서 지혜로운 사람이 될 수 있는 건 아니다. 이론은 누구나 말할 수 있다. 경험 없이 단지 이론으로만 말하는 사람은 이상적인 이야기를 하는 경우가 많다. 그 사람에게 '그래서 당신은 그걸 이뤘습니까"라고 물으면 당황한다. 경영 컨설턴트 회사가 경영 부진으로 도산하는 모순은, 이상적인 이론으로 실속 없이 뜬구름 잡는 경영을 했기 때문이다. 이론과 모순되는 사례는 수없이 많다.

나는 경영자가 쓴 책을 많이 읽는다. 경영하는 사람은 어지간하면 책에 거짓말을 하기 힘들기 때문이다. '이렇게 하면 회사는 번영한다'는 식의 책을 쓴 사람의 회사가 변영하지 못하고, 미소의 중요성에 대해 쓴 사람이 미소를 잘 짓지 않는다면 결국 사람들의 심판을 받게 될 테니까.

나는 가끔 책의 효과를 측정할 수 있는 무언가가 있으면 좋겠다는 생각을 한다. '이렇게 하면 성공한다'라고 쓴 리더들이 정말 성공했는지를 확인해보고 싶다. 개인적으로는 '이렇게 해야 성공한다'가 아니라, '이렇게 했더니 직원들이 성장했다'라는 이야기에 더 믿음이 간다. 오랜 시간 리더의 역할을 하면서 동시에 책을 쓰다 보니, 오직 리더 자신을 빛내기 위한 글을 알아보는 눈이 생겼다. 내 경험상 그런 리더들은 언젠가 자기 본색을 드러내던지, 그전에 직원들이 눈치챈다.

우리 회사 직원들은 대부분 내 책을 읽었고, 독자들은 내가 운영하는 가게로 많이들 찾아온다. 어떻게 보면 나는 도망칠 곳이 없다. 내 입으로 뱉은 말을 지키지 않으면 즉시 발각된다. 물론 나도 사람이기 때문에 완벽하지는 않지만, 이 배수진이 항상 나를 긴장하게 만들어 성장시킨다. 꼭 책을 쓰지 않더라도 다수의 사람에게 자신의 무언가를 표현하는 사람이나 리더의 입장에 있는 사람은 언제나 긴장을 늦추지 않아야 한다.

우리가 오직 돈을 위했다면 진작에 회사를 팔아 해변에 누워 있을 것이다.

– 래리 페이지(Larry Page)

▌

이제부터 증명하겠다는 리더는 아무도 따르지 않는다

독서보다 중요한 것은 바로 '실천'이다. 사람은 망각의 동물이다. 뇌에는 일정한 용량이 있기 때문에 계속 상기하지 않는 정보나 기억은 서서히 잊힌다. 아무리 책에서 좋은 것을 배워도 '실천'이라는 검증 실험을 거치지 않으면 감각은 증발한다. 결국 책을 읽기 전과 다를 바 없는 평소의 자신으로 돌아간다. 그러면 책을 읽는 의미가 없고, 진보도 없다.

내가 그 사실을 깨닫게 된 것은 내게 경영을 가르쳐준 스승님 덕분이었다. 지금으로부터 8년 전, 나는 한 달에 한 번 스승님에게 찾아가 여러 가지 경영법을 배웠다. 어느 날, 강의가 끝난 뒤 다음 커리큘럼을 물었다. 스승님이 말했다.

"가게 실적을 작년의 150퍼센트까지 상승시키게.

그동안 배운 것으로 할 수 있을 테니, 성공한 뒤 다음 단계로 넘어가겠네."

"저는 다음 달에도 계속 배우고 싶습니다."

"안 돼, 과제에 성공하지 못하면 다음으로 갈 수 없네."

당시엔 그만큼 매출을 올리려면 짧아도 1년, 길게는 2년 정도 걸릴 거라 생각했다. 너무 먼 일처럼 느껴졌다. 스승님은 말했다.

"그러면 1, 2년 뒤에 다시 오게."

평소에는 마음씨 좋은 스승님이었지만, 이번엔 내가 아무리 간곡히 부탁해도 들어주지 않았다. 내가 낙심하자, 조언을 해주셨다. 그 말은 지금도 보물처럼 아낀다. 아직도 당시의 녹음 기록이 남아 있다.

"내가 자네를 이론만으로 가르치는 건 쉬운 일이지, 하지만 그러면 결국 알맹이 없이 자네 머리만 커진다네."

"머리만 커진다니요?"

"자네가 내게 배우는 건 결과를 내기 위해서지 않나. 그렇다면 결과를 가지고 오게. 유감스럽게도 이 세상은 결과가 중요해. 세상은 결과를 낸 사람의 말을 듣길 원하네."

"너무 매정하네요. 과정도 중요하지 않습니까?"

"그래, 맞는 말일세. 결과가 전부는 아니지. 하지만 자네는 다른 사람이 따르는 리더가 되고 싶다고 하지 않았나?"

"네, 되고 싶습니다."

"그렇다면 사람들이 당신의 무엇을 믿고 따라야 하냐고 물으면 뭐라고 대답하겠나. 사람은 증명한 리더를 따르지 이제부터 증명하겠다는 리더를 따르지 않는다네."

"무슨 말씀이신지 알 것 같습니다. 제대로 실천해서 결과를 내겠습니다."

"실천 없이 어디선가 주워들은 이론을 상대에 전해봤자 언젠가 진실은 드러나기 마련일세. 아이는 속

여도 어른에게는 통하지 않지. 좀 인정머리 없게 들리겠지만, 이 세상은 '결과를 낸 사람의 과정'만이 통한다네. 또 하나, 결과로 실적을 남기지 않으면 직원들에게 월급을 줄 수 없고 거래처에도 대금을 지불할 수 없네. 그건 성공이 아니야. 진짜가 되고 싶으면 결과를 내서 가지고 오게."

"그럼 반드시 결과를 낼 테니, 다음 달에도 오도록 허락해주십시오."

"아니, 그건 안 돼. 지금은 더 이상 가르친들 소용이 없네. 단순히 정보만 늘어날 뿐, 완전히 자기 것이 되질 않아. 하루빨리 실천에 옮겨 내가 가르친 것이 진짜인지 제대로 검증해보게."

"검증이요?"

"그래, 아무리 좋은 말을 들어도 실제 해보지 않으면 그림의 떡일세. 가장 중요한 건 실천하는 습관이지. 실제로 해봄으로써 안목이 생기고, 더 나아가 다음 과제가 보이게 되네. 스스로 깨달아 오게. 그러면 그다음 과정을 가르칠 수 있을 테니까. 나도 자네를 가르치는 건 즐거우니, 빨리 답을 내주게. 열심히 해보게나."

결과를 낼 때까지 배우지 못한다니, 정말 괴로웠다. 실적을 낸 척하고 시치미를 떼는 얄팍한 잔꾀를 궁리하는 중에 스승님이 말했다.

"아 참, 한 가지 잊었군."

"뭡니까?"

"결산서를 가지고 오게."

"……."

속내를 들킨 것 같아 깜짝 놀랐다. 결산서는 회사의 성적표와도 같다. 당연히 거짓으로 만들 수 없다. 잔꾀를 쓸 수 없게 되자, 속이 상한 나는 스승님에게 거의 대들다시피 말했다.

"해도 해도 너무하시군요."

"하하, 너무한가? 내가 정말 너무한지는 언젠가 알 게 될 거네."

스승님은 웃으면서 대꾸했다. 스승님에게는 나쁜

만 아니라 많은 젊은이들이 가르침을 얻기 위해 찾아
오는데, 그때마다 온화한 말씨로 그들에게 조언했다.

"자네는 잘 하고 있으니까 하던 대로만 하면 되네.
힘들면 언제든 다시 오게나."

고민하는 그들을 긍정하고, 안심시켜주던 모습을
바로 옆에서 지켜봤기 때문에 조금 서운한 기분이 들
었다.

"스승님, 왜 유독 저한테만 엄격하신 겁니까?"

그러자 평소 화를 내지 않던 스승님이 조금 거칠
게 대답했다.

"자네는 내가 그저 오냐오냐 해주기를 바라는 건가?"

"아뇨, 그런 건 아닌데……."

그 말에 나는 굉장히 부끄러웠다. 실은 오냐오냐
해주기를 바랐던 것이다.

"자네는 리더 아닌가, 모두를 짊어지고 있는 입장
이면 결과도 내기 전에 이러쿵저러쿵하지 말고 얼른
가서 실천이나 하게!"

'자네는 리더 아닌가'라는 말을 듣자, 단순한 내 마음에 시동이 걸렸다.

"그래, 한다 해. 예상보다 빨리 성과를 올려서 당당하게 다시 오겠어."

그때부터 나는 가게에 틀어박혀 스승님의 가르침을 실천에 옮겼다. 놀랍게도 결과는 순식간에 나왔다. 만약 그때 스승님이 내 잔꾀를 미리 차단하지 않았다면, 아마 이런 결과는 얻지 못했을 것이다. 아니, 분명 얻지 못했다.

그때의 대화를 다시 들으면 쥐구멍에라도 숨고 싶다. 당시에는 스승님의 가르침을 듣는 것에만 목적이 있었기 때문에 따로 실천에 옮기지 않았다. 스승님은 그런 나를 완전히 꿰뚫고 있던 것이다. 당장 실천에 옮기거나 결과를 내지 않아도 나중에 다 할 수 있을 거라 가볍게 생각했다. 역시 성공한 사람의 눈은 나 같은 젊은이의 잔꾀로 간단히 속일 수 없다.

"실천하는 수밖에 없어, 안 그러면 계속 배울 수

없으니."

도망칠 곳을 잃은 나는 스승님의 가르침을 온전히
실천했다.

이때는 내가 생각해도 정말 열심히 노력한 시기
다. 녹음한 내용을 반복해 들으면서 직원들과 함께 분
투했다. 그러자 신기할 정도로 매출이 쑥쑥 올라서, 1
년은 걸릴 줄 알았던 목표에 반년 만에 도달했다. 나는
그 길로 결산서를 가지고 스승님께 달려갔다.

"그래, 아주 잘 했네. 표정도 예전과 완전히 달라
졌군. 보고 싶었다네, 아주 잘 했어."

그러면서 커다란 손을 앞으로 내밀어 내게 악수를
청했다.

지금 생각하면 리더로서 지녀야 할 진정한 온화함
을 온몸으로 가르쳐준 분이었다. 이 반년은, 실천이 얼
마나 중요한지를 체험시키기 위해 스승님이 내게 준
실천 연수 기간이었다고 생각한다.

'좋은 약은 입에 쓰다'라는 말이 있다. 정말 도움

이 되는 이야기는 듣기 거슬리거나 귀가 따가운 경우가 많다. 그리고 들을 땐 이해되지 않아도 나중에 '이런 뜻이었구나' 하고 알게 되는 일도 많다. 사람은 스스로 느끼지 않으면 온전히 받아들일 수 없다. 예를 들어 당신이 리더의 입장이 되었을 때, 상대를 칭찬하는 것이 더 편하다고 느낄 때가 있을 것이다. 하지만 어르고 달래기만 해서는 사람은 성장하지 않는다. 때로는 깊숙한 골짜기 밑으로 떨어뜨릴 각오도 필요하다.

말하기 어려운 것을 말하는 데는 용기가 필요하다. 직원에게 애정이 있는 리더는 애정 때문에 때로는 엄격한 모습도 보일 수 있어야 한다. 이 또한 리더로서 지녀야 할 중요한 조건이다.

리더십이란 단지 리더 한 사람의 특성이 아닌 리더와 그가 맞닥뜨린 상황과의 관계다.
- 더글러스 맥그리거(Douglas Mcgregor)

셀프 브랜딩과 이너 브랜딩

최근 '셀프 브랜딩Self Branding'이라는 말이 유행하는데, 나는 이 말에 약간 의문이 든다. 내 생각을 관점에 따라서 조금 비판적이라고 볼 수 있겠지만 '이렇게도 생각할 수도 있구나' 하고 받아들여줬으면 한다.

'셀프 브랜딩'이라는 표현이 거슬리는 이유는 두 가지가 있다. 첫 번째는 '브랜드'라는 말의 정의에 있다. 여기에는 '약속'이라는 의미가 포함되어 있다.

'우리 회사는 당신에게 이런 약속을 합니다'라는 의미 하에 성립하는 것이 브랜드다. 그리고 브랜드는 본래 '안에서 밖으로' 확산되는 방식으로 만들어진다. 즉 실적이나 실력을 확실하게 쌓아감으로써 사람들에게 입소문이 나 탄생하는 것이 진정한 브랜드다. 최근 유행하는 '셀프 브랜딩'은 필요 이상으로 자신을 장식하여 보기 좋게 어필하라고 종용한다. 실제로 매력이 있고 그 매력을 유지하면 입소문은 저절로 난다. 이 '셀프 브랜딩'이라는 용어는 억지로 자신이 입소문을 내려는 느낌이다. 이는 장기적으로 보면 아주 위험한 일이다.

물론 자신의 직함이나 외모를 화려하게 보이는 것은 중요한 일이다. 하지만 내면이 수반되지 않은 직함은 이윽고 벗겨져서 가장 중요한 신용을 잃게 된다. 이 점을 단단히 명심하지 않으면 예기치 않은 부작용이 생길 수도 있다.

두 번째 이유로는 '자기 자신은 자기가 가장 잘 안다'는 점이다. 자신을 필요 이상으로 크게 보이려고 하거나 하지 않은 것에 대해 말할 때, 가장 상처받는 것은 사실 '내면의 자신'이다. 자신의 행실은 자기가 가장 잘 안다. 진정 노력했는지, 자신에게 솔직했는지를 자신 말고 누가 알 수 있을까. 하지만 자기 자신을 과하게 장식하다 보면 장식에 찔려 '내면의 자신'을 상처

주면서 살아가게 된다. 누구에게나 양심이 있다. 사람은 자신의 양심에 따라 행동할 때 비로소 자존감이 높아진다. 그렇다면 자존감, 즉 자기 내면의 자긍심은 어떻게 해야 높아질까. 바로 '실천'과 '실적'이다.

내가 이 책에서 성과를 만들기 전에 조심성 없이 여러 곳에 얼굴을 내밀지 않는 편이 좋다고 말한 것은, 무리하게 셀프 브랜딩을 해야 하는 상황으로 자신을 몰아가지 않았으면 하는 바람 때문이다. 그보다는 소중한 것을 소중히 여기고, 착실하게 자신의 발밑을 다지는 편이 자존감을 높이고, 결과적으로 주변에서 당신의 브랜드를 만들어준다.

또한 자신이 할 수 있는 일을 착실히 하다 보면 '내면의 자신'이 차근차근 확립된다. 이 '내면의 자신'에게 자긍심을 심어주면 신기하게도 사람은 자기 자신에 대한 이야기를 많이 하지 않게 된다. 그리고 당신이 정말로 자신에게 자긍심을 가지게 되었을 때 당신만의 아우라가 생긴다.

나는 이렇게 생각한다. 남에게 자신을 어필하는 '셀프 브랜딩'이 아니라, 자기 내면의 자긍심, 즉 '이너 브랜드'를 먼저 키워야 한다고. 내면에서부터 시작하는 이너 브랜딩은 겉치장에 치우친 셀프 브랜딩과는 무게감이 다르다. 행동 하나에도 확신이 담긴다. 확신이 있는 리더가 풍기는 에너지를 느낀 사람은 리더에 대한 확신과 믿음을 가진다. 그것이 가장 본질적인 형태의 브랜드다.

리더를 뒷받침하는 에너지는 단련된 내면의 자긍심에서 나온다. 리더들이여, 쓸데없는 허영심으로 자신을 궁지로 몰아넣지 말라.

나는 브랜드를 믿지 않는다.
사람들은 우리의 제품을 사는 것이지.
우리 회사를 사는 것이 아니다.

- 제임스 다이슨 (James Dyson)

"

2부

좋은 조직을 넘어
매력적인 조직으로

6장

**일류의 인재를 모으는 게 아니라
지금 있는 사람을 일류로 만든다**

조직의 실체를 만드는 이념의 언어화

당신의 조직에는 명확하게 언어화된 이념이나 약속이 있는가? 만약 없다면 지금 당장 만들기 바란다. 조직의 공통 이념을 언어화하는 작업은 기본적이면서도 가장 중요한 조직 운영법이다. 우리 조직이 왜 존재하며 어디를 향하고 있는지를 명확히 명시해야 구성원들이 구체적인 방향성을 가지고 행동한다.

이념의 언어화 없이는 이상적인 팀을 만들기 어렵다. 나도 처음에는 조직의 이념을 공유하지 않은 채

지시만 했다. 하지만 우수한 리더를 만나 보니, 이념을 언어화하는 일이 얼마나 중요한 일인지 깨닫게 됐고, 즉시 실행했다. 아래는 우리 회사의 이념과 약속이다.

(주)인재육성 JAPAN 패밀리

| **사훈** | 감사와 이타심

| **선언** | 우리 인재육성 JAPAN 패밀리는 현재를 살아감에 감사하고, 타인의 기쁨에 공헌하며, 자신을 사랑하는 법을 배워 다른 사람의 마음을 비추는 진정한 리더를 육성함으로써 사회를 밝고 건강하게 합니다.

| **고객과의 약속** |
1. 고객을 가족, 친구, 연인으로 여기며 맞이합니다.
2. 안심할 수 있고, 안전한 서비스를 제공합니다.
3. 웃는 얼굴로 힘차게 인사합니다.
4. 청결한 매장에서 맞이합니다.
5. 고객이 최고의 경험을 할 수 있게 온 힘을 다합니다.

| **자신과의 약속** |

1. 약속을 지키고, 거짓말하지 마라.
2. 험담하지 마라.
3. 웃는 얼굴로 힘차게 인사하라.
4. 남을 보지 마라, 목표를 봐라.
5. 외관을 쫓지 마라, 내면을 닦아라.
6. 사람의 마음을 이해하는 따뜻한 사람이 돼라.
7. 모든 것에 감사할 줄 아는 사람이 돼라.
8. 밝고 전향적으로 행동하는 사람이 돼라.

나는 채용이 결정된 직원에게 반드시 이념을 설명하고 숙지하도록 한다. 그 모습은 마치 서당 같다. 직원들이 실제로 이념을 모두 실행하는지 아닌지는 중요하지 않다. 솔직히 말하면 잘 안 지켜지는 것도 있지만 괜찮다. 이념이란 건 '목표로 삼아 앞으로 노력'해야 할 무엇일 뿐이다. 목표로 삼기만 해도 멤버들의 행동에는 조금씩 변화가 일어난다. 매일 입 밖으로 내어 버릇하다 보면 자연스럽게 몸에 배는 것이다.

이전에는 언어화된 이념이나 행동 원칙이 없었기

때문에 직원 각자의 가치관에 의존했다. "이봐, 상식적으로 생각하면 이렇잖아"라고 말해도 사람들마다 상식은 모두 다르기 때문에 트러블이 발생한다. 모두 이념을 명확하게 명기하지 않은 내 책임이다. 이념을 명확하게 해두면 직원들을 채용할 때 "우리 팀은 이렇게 살아가는 조직인데 함께 할 수 있겠습니까?"라고 물어볼 수 있고 상대방도 이를 진지하게 고민해볼 수 있다.

'무엇을 하는가' 이상으로 중요한 것이 '왜 하는가?'라는 점을 유념하고 이념을 설정해야 한다. 사람은 꿈보다 의미, 즉 자신들의 존재 가치를 분명하게 자각할 때 행동한다. 이념은 처음부터 완성되는 것이 아니라 자연스럽게 배어드는 것이기 때문에 우선 리더인 당신이 누구보다도 이념을 향해 한 걸음씩 다가가는 모습을 보여주는 것이 중요하다. 부디 차분히 생각해서 탄탄한 이념을 만들어나가기 바란다.

조직을 지탱하는 '1경추'

우리 회사 근처에 아주 신기한 접골원이 있다. 대개 접골원은 비틀린 뼈를 교정하기 위해 허리를 뒤틀거나 다리를 잡아당기는 식의 치료를 한다. 하지만 이 접골원은 그런 치료를 일절 하지 않는다. 치료 시간은 고작 3분 정도지만, 치료를 마치고 나면 몸의 통증이 완전히 사라지기 때문에 입소문을 타고 전국에서 사람이 모여든다.

나도 처음 치료를 받으러 갔을 때 '어라, 이게 다야?'라고 생각했는데, 다음 날 아무리 다른 접골원을 다녀도 낫지 않던 통증이 말끔하게 사라졌다. 그 접골원에서는 대체 어떤 치료를 한 것일까?

나는 전문가가 아니라서 잘 설명할 수 있을지 모르겠지만, 우선 침대 위 높은 베개를 베고 눕는다. 그렇게 힘을 빼고 축 늘어져 있으면, 그 베개 부분이 '덜컹' 하는 소리를 내며 밑으로 떨어진다. 충격은 별로 크지 않고 통증도 없다. 그러고 나서 30분간 누워 있을 뿐이다.

너무 신기해서 어떻게 겨우 이걸로 통증이 낫는지 물었더니, 의사가 대답해주었다. 사람의 머리를 지탱하는 것은 목이다. 그 머리뼈를 지탱하는 목뼈 중 가장 상단에 있는 뼈를 '제1경추'라고 부른다. 제1경추의 어긋난 부분에 순간적인 충격을 줘 교정하면 그 이후엔 자연 치유력으로 뒤틀린 등뼈가 제자리로 돌아와 정상적인 상태가 된다는 것이다.

이 책은 의학서가 아니기 때문에 이쯤 하겠다. 제1경추의 중요성을 조직에 빗대기 위한 에피소드였다.

리더가 리더이기 위해서 가장 필요한 인재는 제1경추의 역할을 할 우수한 오른팔이다. 이것은 새로운 이론이 아니다. 리더론에서 반드시 언급되는 정설이다. 흔히 참모를 오른팔이라고 표현하는데 내가 보기

엔 신체의 모든 부분에 지령을 내리는 제1 경추나 척추가 더 정확한 비유다. 리더는 일단 조직의 척추인 오른팔과의 대화에 힘을 쏟아야 한다. 리더와 오른팔 간의 비틀림을 교정하면 조직은 단숨에 활성화된다. 당신의 오른팔은 누구인가? 당신이 지점장이라면 부지점장이 해당될 것이며 사람에 따라서 아내가 될 수도 있다. 이 과정에서 불협화음이 생기면, 리더의 생각은 조직 전체로 전달되지 않는다. 강한 조직에는 반드시 우수한 오른팔이 있고, 리더와도 아주 친밀한 관계를 유지하고 있다. 당신에게 우수한 오른팔이 있는지 그리고 당신은 그 존재를 소중히 여기는지 되새겨보기 바란다.

> 가장 훌륭한 리더는 자신이 바라는 일을 맡길 적임자를 고르는 감각이 있으며, 그들이 그 일을 하는 동안 간섭하지 않을 수 있는 자제력을 가진 사람이다.
>
> – 프랭클린 루스벨트(Franklin Roosevelt)

┃

사공의 지위는 아무에게나 주지 않는다

　　과거 중국의 황제는 몇 명의 참모를 곁에 두고 군사 전략을 함께 논의한 뒤 최종 결론을 내렸다고 한다. 우수한 참모는 그 조직의 역량을 최대한 이끌어내고 단숨에 활성화시킨다. 리더의 의도를 명확히 이해하고 이를 조직의 말단까지 전달해 확실히 수행시킬 수 있는 참모가 있다면 매우 귀하게 여겨야 한다.

　　조직의 중추인 참모가 되기 위해서는 필요조건이 있다. 리더가 자신의 의견과 다른 지시를 내렸을 때 반론을 제시하고 리더가 놓치고 있는 부분을 알리는 것은 좋지만 결국 결정된 사안은 자신이 아무리 반대했더라도 군말 없이 따라야 한다는 것이다. 리더가 내린 최종 결론까지 따르지 않는 인물은 참모 역할을 맡기에 부족하다. 일을 진행하려는데 끝까지 반대하는 사람은 조직을 혼란스럽게 만들기 때문이다. 리더가 '우측'이라고 말한 일에 대해서 참모가 '실은 좌측이다, 리더는 뭘 모른다'라고 말하고 다니는 것은 조직에 치명적인 행동이다. 사공이 많으면 배가 산으로 간다는 말이 있다. 하지만 사공의 지위는 아무에게나 주지 않는다. 참모는 조직의 사공으로 인정받은 사람이다. 그만큼 영향력이 크다. 정말 리더가 틀렸다면 아랫사람에게 말하는 것이 아니라, 리더와 단 둘이 있을 때 조언해야 한다.

하지만 종종 리더의 결정에 한도 끝도 없이 불만을 가지고 따르지 않는 참모도 있다. 리더 입장에서는 참 감당하기 힘들 것이다. 별다른 근거 없이 매사에 반대하는 이유를 잘 따져보면 개인의 이해관계가 얽혀 있거나 괜한 고집인 경우가 많다. '반대하는 사람도 필요하다'는 말은 이럴 때 쓰는 게 아니다. '반대만 하는 사람'은 주변 사람을 혼란스럽게 만들 뿐이다. 구성원들의 의견에 귀를 기울이는 일은 중요하지만 그렇다고 모든 주장을 들어줄 수는 없다. 리더라면 개인적인 감정에 얽매이지 말고, 멀리 보면서 최선의 선택을 해야 한다. 너무도 당연한 리더의 역할이다. 끝까지 따르지 않는 이는 조용히 불러 당신이 떠나는 편이 조직을 위해서도 바람직하다고 말해야 한다. 동시에 리더 자신에게도 책임이 있다는 것을 명심하고 반성해야 한다. 하지만 결국 리더는 당신이다. 조직이 침몰한다고 해도 당신이 침몰시켜야지 다른 요인 탓에 침몰하는 상황은 어찌 보면 창피한 일이다.

> 리더의 열정과 낙관주의가 일으키는 파문은 실로 엄청나다. 마찬가지로 리더가 불평하고 비난하면 그의 동료들도 똑같이 행동한다.
>
> - 콜린 파월(Colin Powell)

인재를 알아보는 안목

어떤 인물이 재상이 될 수 있는지 묻기에 이렇게 대답했다. 사심이 없고 견식이 있는 인물이야말로 재상에 적합하다. 또한 사람을 제대로 평가하는 안목이 있고 인재를 잘 활용할 수 있는 사람이어야 한다.

『신음어^{呻吟語}』

'일류의 인재를 모으는 게 아니라 지금 있는 사람을 일류로 만든다'라는 말을 듣고 많은 사람이 내게 '자질이 없는 사람도 끝까지 교육하고 기다려줘야 하는 건가요?'라고 묻는다. 이런 분들은 대개 '지금 있는 사람을 일류로 만든다'는 말을 잘못 이해한 것이다.

많은 리더가 사람을 '자신이 보고 싶은 모습'으로만 보거나 '자신이 필요한 사람'으로 바꾸려고 한다.

이는 사슴에게 사냥을 가르치고, 사자에게 농사를 가르치는 것과 다르지 않다.

사슴에게 백 년 동안 사냥을 가르친다고 초식동물이 육식동물이 될 수 없고, 사자에게 농사를 가르친다고 초식동물이 될 수 없다. 사람도 마찬가지다. 사람은 제각기 능한 것과 능하지 못한 것이 있기 마련이기에, 진정한 리더는 인물의 성향과 실력을 올바르게 직시하는 안목으로 인재를 적재적소에 배치해야 한다.

하지만 지위가 높아짐에 따라 리더의 눈과 귀를 막는 이들이 많아지기 때문에 올바른 판단이 어려워진다. 이는 음식이 오래되면 부패하는 것처럼 자연스러운 일이다. 옛 선인들이 '물고기는 물속에서 눈을 감지 않는다'며 물고기 모양 풍경^{風聲}(처마 끝에 다는 작은 종)을 달아 스스로를 경계하려 한 이유도 바로 여기에 있다.

다시 처음으로 돌아가서 '일류의 인재를 모으는 게 아니라 지금 있는 사람을 일류로 만든다'는 말은 '인재를 알아보는 안목'과 '그 인재를 적재적소에 배치하는 것'을 전제로 한다. 구성원을 각기 알맞은 자리에 배치하는 것만으로도 조직의 역량은 한껏 높아질 것이다.

사람은 제각기 능한 것과 능하지 못한 것이 있다.
- 『좌전(左傳)』 중에서

소수를 정예로 만드는 법

내게 특출한 재능은 없다. 그러나 지난 15년간 경영을 하면서 딱 한 가지, 이 능력 하나는 쓸 만하다고 믿는 것이 있다면 바로 '남의 재능을 발견하는 능력'이다. 나는 이 안목을 아주 잘 활용해왔다.

처음 타코야키 장사를 시작했을 땐, 다른 사람에게 일을 온전히 맡기지 못하고, 모든 것을 파악하고 있지 않으면 마음이 놓이지 않았다. 그러다 나보다 우수한 사람이 많다는 걸 깨달은 뒤로 각 분야별 책임자를 세워 일의 전권을 맡겼다.

12년 전, 타코야키 장사를 그만두고 카페를 시작한 지 얼마 안 되었을 무렵, 한 직원이 내게 이렇게 제안했다.

"저는 수년간 빵과 케이크를 공부했습니다. 이곳

은 여성들에게 인기 있는 가게가 될 거라고 확신합니다. 여성들은 디저트를 아주 좋아하거든요. 디저트 부분은 제가 맡아서 해보고 싶습니다."

당시 나는 솔직히 그 말을 기꺼이 수용할 마음이 없었다. 하지만 직원의 끈질긴 부탁에 마지못해 디저트 메뉴를 추가하기로 했다. '일단 해보기나 하자' 정도의 마음이었다.

그런데 그 디저트 메뉴가 대박이 났다. 지금은 간판 디저트가 된 대박 상품들이 그때 줄줄이 탄생했다. 이 경험으로 나는 생각을 바꿨다.

'내가 관여하지 않고 맡겨도 되겠다'

그동안은 메뉴든 뭐든 간에 내가 의사결정을 했지만, 이제는 의욕이 있는 직원에게 맡긴다. 직원들의 기호와 의견을 존중하고, 아이디어를 자유롭게 낼 수 있는 환경을 만들기 위해 노력했다. 자연스럽게 나는 관리자가 됐다.

각 분야는 그것을 잘하는 사람에게 맡기면 된다.

리더의 역할은 자신이 품고 있는 사업의 큰 그림을 구성원들이 최대한 이해하도록 소통하고, 메리트를 제공해 동기를 부여하는 것까지다. 기술적인 부분은 믿고 맡겨야 한다. 본인이 채용한 직원을 못 미더워해봤자 제 얼굴에 침 뱉기다. 요리는 음식을 잘하는 직원, 접객은 사람을 좋아하는 직원, 광고는 센스 있는 직원, 책 편집은 책을 많이 읽는 직원, 디자인은 디자인 회사에서 근무했던 직원에게 맡기면 된다.

당신 주변에도 부하 직원에게 업무를 온전히 맡기지 못해서 고민하는 리더가 있지 않은가. 다 그런 건 아니지만 남에게 일을 맡기지 못하는 리더는 무의식중에 '뭘 해도 그 사람보다 내가 해야 낫다'는 생각이 깔려 있을 확률이 높다.

좋은 아이디어는 누구에게나 나올 수 있다. 젊은 직원이 참신한 아이디어를 내도 리더가 반대하면 그 조직은 시시하고 무난한 것만 선택하게 되고, 젊은 사원도 의욕을 잃고 좋지도 나쁘지도 않은 아이디어만 생각하게 된다. 리더가 자기 자신을 지나치게 내세우면 조직은 경직되기 마련이다. 가능한 잘하는 사람에게 맡기고, 누군가 아이디어를 내면 모두가 경청하는 유연한 조직은 효율적으로 일할 수 있다.

당신이 리더라면 일단 자기 자신을 내려놓고, 최대한 직원들에게 맡기면서 그들의 아이디어를 존중해보자. 당신이 미처 생각지 못한 굉장한 아이디어를 내놓을지도 모른다. 리더는 만능이 아니다. 리더가 조금 물러서자 조직이 단번에 성장하는 일도 흔히 있다. 물론 조금 용기가 필요하고 불안하기도 할 것이다. 그래도 부디 시도해보기 바란다. 유연해진 조직이 만들어내는 성과를 경험해보면 절대 후회하지 않을 것이다.

우리 회사는 타코야키 가게로 시작해 현재 출판, 인테리어, 컨설팅, 강연, 영상, 연수 등 수많은 분야에 진출했지만 이 모든 것이 하나의 사무실에서 이루어졌다. 지금은 말 그대로 '구성원 전원이 돈을 버는 회사'가 되었다.

"인재는 어떻게 스카우트합니까?"

여러 경영자들이 이렇게 묻지만, 스카우트는 한 번도 한 적이 없다. 모두 타코야키 가게부터 함께 일해 온 직원들이다. 사람은 자신이 좋아하는 일을 할 때는 진지해진다. 어지간한 특수기술이 아니고서는 못할 일은 없다. 구성원들이 각 분야의 리더가 됨으로써 모두가 주역이 된다. 그리고 그 분야에서 인정받고 돈까지 벌면 열정이 폭발한다.

내가 스카우트를 하지 않는 데는 이유가 있다. '징병'을 하면 아무래도 기존 직원들과 회사의 입장이 약해지기 때문이다. '징병'된 사람이 "난 부탁해서 온 거야"라고 하면 딱히 대꾸할 말이 없다. 경영자들이 종종 어느 유명 회사에서 경영 전문가를 데리고 와 전무나 상무 등의 중역에 앉히는 일이 많은데, 나는 의문이 든다. 그런 사람을 중역으로 둔다는 것은 그동안 열심히 일해온 직원들 위에 느닷없이 낯선 상사가 한 명 생기는 것이다. 기존 직원들은 싫어도 머리를 숙여야 한다.

나는 그렇게까지 하면서 회사를 키우고 싶지 않다. 또 그 사람이 와야만 회사가 성장한다는 것은 리더인 내 능력이 부족하다는 말이다.

"일류의 인재를 모으는 게 아니라, 지금 있는 사람을 일류로 만든다."

나의 경영 슬로건이자 리더로서의 매력의 원천이다. 이 슬로건의 힘은 크다. 자신을 일류로 만들어주겠다는 리더를 싫어할 부하는 없다. 없던 의욕도 생기고 잠재된 능력을 발휘하기도 한다. 거듭 말하지만 리더의 매력은 자신 안에 잠들어 있다. 우수한 부하를 찾아 헤매는 리더들에게 고한다. 우수한 리더는 지금 있는 멤버로 승리하는 리더다.

리더가 집단에서 가장 명석한 사람인 경우는 드물다. 리더는 특별한 안목을 가지고 있으며, 크리에이터 보다는 큐레이터에 가깝다.

– 워렌 베니스(Warren Bennis)

┃

개인의 행복과 조직의 안녕을 아우르는 리더의 품격

성공한 리더의 공통점은 주변 사람을 효율적으로 활용한다는 점이다. 자기 혼자서만 열심히 하면 어떻게든 될 거라 생각하는 리더는 아예 리더가 무엇인지, 왜 존재하는지조차 모르는 리더다. 각고의 노력 끝에 이제 막 리더가 된 이들에게 주로 나타나는 현상이다. 왠지 남에게 의존하는 것 같은 기분에 거부감이 생기는 것이다. 나는 그들에게 말하고 싶다.

'남에게 의존하는 것이 아니라, 조직을 효율적으로 활용한다는 사고방식을 가져라.'

리더가 구성원을 효율적으로 활용한다는 것은 바꿔 말하면 리더가 조직에 가장 효율적으로 활용되고 있다는 것이다. 또한 사람을 활용한다는 것은 그 사람을 무대에 올린다는 의미다. 기회를 준다고 생각하고 각자 잘하는 것을 할 수 있는 환경을 조성하자. 직접 하는 편이 빠르더라도 부하 직원이나 젊은 직원 등 다른 사람들에게 업무를 분담해보자.

리더가 모든 일을 스스로 처리하고 "전부 내가 했어"라며 자랑하지 않고 "이 친구 덕이야, 저 친구 덕이야"라고 말한다면 담당자는 크게 기뻐한다. 사실 어딘가에 소속되어 일하는 사람으로서 그보다 더 좋은 칭찬은 없다. 특히, 평소 빛을 보기 어려운 젊은 사람들에게 기회를 주자. "이 일 부탁할게"라고 말하는 것은 "가능성이 있으니까 열심히 해"라고 응원하는 것과 마찬가지다. 기회를 얻은 사람은 '이 사람을 위해서 더 분발하자'는 마음으로 노력하게 된다.

성장하는 부하 직원을 가진 리더들은 대개 세세한 부분은 지적하지 않는다. 사실 세세한 부분을 지적하지 않기 때문에 부하 직원이 쑥쑥 성장하는 것이다. 부모 자식 관계와도 비슷하다. 부모에게도 두 가지 유형이 있다. 일일이 지시하는 부모와 중요한 것 이외에는 지시하지 않는 부모다. 지시하는 타입의 부모와 상사는 '일단 실패하지 않는 것이 중요하다'라고 생각한다. '넘어져서 다치면 어떡하려고 그러냐'라며 지적하는 것이다. 물론 지당한 말이다.

하지만 그런 태도를 가진 부모나 상사 밑에서 자라면 자녀와 부하는 항상 지시를 기다리게 된다. 사람은 관성의 동물이기 때문에 당연하다. 어린 자식이라면 그나마 괜찮다. 그런데 어엿한 사회인이 될 때까지 그 상태가 지속되면, 회사에서도 항상 지시를 기다리는 사람이 된다.

잘 성장하는 센스 있는 부하 직원은 상대방이 원하는 것을 미리 알아챈다. 그것이 실패하든 성공하든 지 간에 일단 자신의 머리로 생각해서 행동하고 결과에 상관없이 성장한다.

지시를 내리지 않는 상사는 '넘어져야 안다'고 생각한다. 가끔은 가볍게 넘어지게 한다. 치명적인 사고가 발생하기 직전에는 멈추게 한다. 실패할지 알아도 스스로 깨닫고 일어설 때까지 최대한 아무 말 않고 참는 것이다. 하지만 중간중간 유념해야 하는 사항은 반드시 상기시키고 넘어간다. 이는 리더로서 가장 기본적인 자세다.

내가 아는 경영자 중 열 개 이상의 음식점을 운영하는 사장님이 있는데, 100퍼센트 직원들이 기획한 가게를 차려줄 만큼 통이 큰 분이다. 사실 그 사장님은 기획 단계에서부터 실패를 직감했다고 한다. 직원들은 "이 가게는 반드시 우리가 성공시킨다. 우리는 할 수 있다"라며 밀어붙였지만 사장님의 예상대로 개업 후 얼마 지나지 않아 손님이 점점 줄어들었다. 직원들은 상황을 극복하기 위해 밤낮으로 회의했고 사장님은 그 모습을 지켜보기만 했다. 그러다 결국 직원들이 "저희는 해결책을 못 찾겠습니다, 도와주세요"라고 말하자 비로소 사장이 움직였다고 한다.

자신들의 실력 부족을 뼈저리게 깨달은 직원들은 자신을 내려놓고, 사장 말대로 움직였다. 가게는 수개

월 만에 흑자를 내기 시작했다. 사장은 직원들에게 이렇게 말했다고 한다.

"넘어져봐야 비로소 알게 되는 것도 있습니다. 어떻든 간에 손해 본 비용은 직원들의 연수비라고 생각합니다. 연수를 보내 공부시키는 것보다 창업이 얼마나 어려운지 실제로 경험하는 편이 장기적으로 보면 더없이 소중한 자양분이 되죠. 여러분들은 더 훌륭한 인재가 될 겁니다. 기대가 큽니다."

굉장하다고밖에 표현할 수 없다. 이런 그릇을 가진 리더 밑에서 성장한 직원은 정말 행운아다. 이처럼 지위나 명예, 공로 등에 얽매이지 말고, 개인의 행복과 조직의 안녕을 모두 아우르며 인재를 만드는 능력이 곧 매력적인 리더의 품격일 것이다. 리더의 아우라는 이렇게 만들어지는 게 아닐까.

리더십은 리더 자신의 도덕성과 정의,
책임감 없이는 그 시작조차 꿈꿀 수 없는 것이다.

– 마이클 샌델(Michael Sandel)

99

7장

이끌지 말고 따르게 하라

일부러 둔감한 리더가 성공한다

조직의 분위기를 파악할 줄 모르고 부하 직원의 마음을 살피지 못하는 리더는 좋은 리더라고 하기 어렵다. 반대로 분위기 파악을 너무 잘하고 남의 마음을 지나칠 정도로 잘 헤아리는 이타심 때문에 할 말도 못 하는 사람 역시 리더에는 맞지 않는다. 한 때 둔감력이라는 말이 유행한 적이 있다. 둔감한 사람이 성공한다는 의미로 이해하기 쉽지만, 본래 의도한 의미는 '일부러 둔감해질 수 있는 사람이 성공한다'는 의미다. 정말로 둔감한 사람은 자기 속은 편할지 몰라도 주변 사람들은 피곤하고 상처받는다. 리더는 직원들의 성격, 상태, 행동 양식을 명확하게 파악해야 하지만 이를 너무 예민하게 받아들여서는 안 된다. 조직의 구성원 모두를 납득시키려고 한다면 배는 방향을 잃기 쉽다. 방향키는 무거워야 한다. 그렇기 때문에 마음을 알아도 일부러 둔감한 척해야 할 때도 있다.

생각보다 우울증에 걸리는 리더가 많다. 정신과 의사 말로는 대부분 부하 직원과의 관계 때문이라고 한다. 상사와의 관계 때문에 우울한 부하 직원이 더 많지 않냐고 반문했지만, 비율로 치면 양쪽이 비슷하다고 한다. 학생과의 관계가 힘들어 상담을 받으러 오는 선생님도 많다고 한다.

종종 리더의 의견에 무조건적으로 반대하는 사람이 있는데, 명확한 근거를 바탕으로 반론하고 대안을 제시하는 경우라면 조직에 꼭 필요한 인재라 할 수 있지만, 단순히 이해할 수 없다며 불만을 품는 것은 개인

의 문제일 확률이 높다. 여기에 일일이 대응하면 리더
는 몸도 마음도 지쳐버린다. 그렇기 때문에 어느 정도
선에서 끊고 밀어붙일 줄도 알아야 한다.

직원들의 자기중요감을 높이는 것은 중요하지만,
뭐든 받아들인다고 해서 자기중요감이 높아지지는 않
는다. 리더가 직원의 기분까지 맞춰줄 필요는 없다. 반
대로 표정이 안 좋은 직원에게 "뭔가 불만 있어요? 있
으면 말해 봐요"라고 일부러 물을 줄도 알아야 한다.
리더의 입장에서 물러설 수 없는 지점도 분명히 있다.
부당한 지시도 있지만 부당한 반발도 있다. 이를 분별
하는 능력을 길러 소모적인 일에 시간을 빼앗기지 말
아야 한다.

의욕이 없는 사람에게 의욕을 불어넣는 일은 가능할까. 근사한 말이지만, 쉬운 일도 아니고 사실 그럴 필요도 없다. 회사는 학교가 아니다. 이는 학생까지만 해당되는 말이다. 돈을 지불하고 배우는 학생과 돈을 받으며 일하는 사람의 입장은 다르다. 의욕 정도는 스스로 가지고 출근하는 것이 당연하다.

의욕을 고취시키는 리더를 칭찬하는 풍조가 있다. 물론 훌륭한 일이지만, 그것이 리더의 주 역할은 아니다. 리더에게는 다른 할 일도 많다. 냉정하게 보일 수 있지만, 주변을 위해서라도 어느 정도 선에서 단념할 줄도 알아야 한다. 그렇지 않으면 한 사람 때문에 열심히 일하는 주변 사람들의 사기까지 떨어진다.

사람을 성장시키는 일이 사명인 학교와, 이익을

창출하고 사회에 공헌하는 일이 사명인 회사는 출발부터가 다르다.

조직을 이끌어봤거나 조직에 속해본 사람이라면 누구나 아는 사실이 하나 있다. 조직 구성원 열 명 중 여덟아홉 명은 대체로 문제를 발생시키는 일이 없다는 사실이다. 문제를 일으키는 사람은 언제나 소수다. 종종 어떠한 동기로 인해 극적인 변화를 보이는 사람도 있지만, 사람은 쉽게 바뀌지 않는다. 문제를 일으키는 사람은 매번 같은 식으로 문제를 일으킨다. 당신은 사람이 바뀔 수 있다고 생각하는가. 난 바뀔 수도 있다고 생각한다. 하지만 이는 개인의 문제다. 다시 말하지만 회사는 학교가 아니다.

또 한 가지 알아둘 것이 있다. 의욕이 없는 사람도 문제지만, 처음부터 의욕이 넘치는 사람도 살펴볼 필요가 있다. 의욕적이면 좋은 것 아니냐고 생각할 수 있지만, 그 의욕을 유지하지 못하면 애초에 의욕이 없는 사람보다 더 힘이 빠져버릴 수 있다. 우리 회사는 면접을 볼 때 너무 의욕적인 사람의 채용을 신중하게 고려한다. 면접 때는 누구나 어느 정도 의욕적인데, 그 정도가 너무 과한 경우, 채용 후에 전혀 다른 태도를 취하는 사람을 많이 보았기 때문이다. 가장 좋은 것은 역시 자연스러움이다. 의욕은 있지만, 조심스러운 태도를 보이는 사람은 차츰 익숙해지면서 능력을 발휘해 오랫동안 지속되는 경우가 많았다.

물론 세상에는 다양한 사람들이 있다. 위 얘기는 단편적인 예니 가볍게 참고하기 바란다. 어떻든 간에 리더에게는 사람을 꿰뚫어보는 통찰력이 필요하다. 기술적은 부분은 리더보다 구성원들이 더 낫다고 해서 나쁠 게 없지만 리더가 구성원들보다 통찰력이 부족하면 리더의 역할을 제대로 해낼 수 없다. 통찰력은 끝없는 고민과 경험, 인간에 대한 흥미와 공부에서 나온다. 리더는 언제나 '인간 공부'를 멈춰서는 안 된다.

부족하면 시들고 넘치면 썩는다

창업 초기에는 정말 다양한 직원을 경험했다. 하루하루가 긴장의 연속이었다. 정서불안으로 걸핏하면 집을 뛰쳐나가 모두를 걱정시키는 직원도 있었다. 부모님에게 전화가 와서 전 직원이 온 동네를 뒤지며 찾아다녔던 적도 있다. 어느 날 유명한 경영인이 우리 가게를 방문했을 때 직원 문제를 의논했더니 이렇게 말했다.

"찾을 필요 없네. 실컷 가출하도록 내버려 두게."

그분 말로는 일하러 와서 기분이 처져 있는 유형은 대개 어리광을 부리는 것이라고 한다. 특히 젊은 사람은 나이 든 사람에 비해 다채로운 사건 속에 살고, 성인의 삶에서 발생하는 격동에 아직 익숙지 않아 감정적인 요동이 잦다. 그래서 젊은 사람일수록 유독 보살핌과 관심을 받으려고 하는 경우가 많다는 것이다.

그는 어리광을 받아주기만 하면 상황은 절대 나아지지 않는다고 말한다. 어리광을 받아주지 않았을 때 그들은 보통 두 가지 유형의 태도를 취하는데, 자신을 보살펴주고 관심을 가져줄 곳을 찾아 떠나거나 자신의 행동을 반성하고 소속의 소중함을 느껴 성실해진다. 그의 말에 나는 가출하는 직원을 찾아다니는 일을 그만두기로 했다. 그리고 기분이 안 좋거나 언제나 쉽게 기분이 처지는 직원들은 가게 뒤편에서 작업하게 했다.

"우리 가게는 오픈 키친과 미소가 장점입니다. 그런데 그늘진 얼굴로 일을 하는 건 희극을 보러 온 손님에게 비극을 보여주는 것과 같습니다. 웃을 기분이 아니면 미소가 지어질 때까지 뒤편에서 일하시는 게 좋겠습니다."

조금 강제적이었지만, 각 파트의 팀장들에게 강경한 투로 전했다. 그러자 쉽게 기분이 처지곤 했던 직원들이 조금씩 변하기 시작했다. 우울한 표정으로 일해도 누가 위로해주기는커녕, 뒤편으로 물러나야 한다는 사실에 거부감을 느끼는 사람도 있었고 체념하고 일에 집중하는 사람도 있었다. 그들 나름의 위기 감지 센서가 반응한 것이다.

기분이 상하는 것도 마음의 습관일 수 있다. 기분이 상했다고 받아주기만 하면 상황은 개선되지 않고 오히려 악화된다. 정도를 조절하기가 아주 어려운 부분이지만, 물러서서는 안 된다. 물이 부족하면 시들지만, 지나쳐도 썩는다. 또한 부하 직원에게 주의를 줬을 때, 당신이 아주 얼토당토않은 소리를 했을 경우는 제외하고는 기분이 상한 직원의 마음을 달래주지 않는 편이 좋다.

미소가 중요한 서비스업에서 오늘은 기분이 안 좋아서 웃지 않겠다는 사람, 항상 남 탓을 하는 사람, 조직의 이념이 자신과 무슨 상관이냐며 자신의 신념만을 관철시키려는 사람을 내버려둔다면 조직은 서서히 붕괴된다.

조직을 망가뜨리는 논리를 주장하는 이들이 으스대며 위세를 부릴 수 있는 환경 자체에도 문제가 있고, 이는 곧 리더의 문제나 다름없다.

일하러 온 이상 일을 해야 한다. 월급을 주지 않는 리더는 비판받아 마땅하지만, 월급은 꼬박꼬박 받으면서도 일하지 않는 사람도 비판받아야 한다. 보살핌과 관심을 받으려고 조직을 혼란스럽게 만드는 사람이 활개 칠 수 없는 환경을 만드는 것, 그 또한 리더의 중요한 역할이다.

리더의 첫 번째 할 일은 현실을 파악하는 것이며 고맙다고 치하하는 것은 가장 마지막에 해야 하는 일이다. 그리고 그 모든 과정에서 리더는 마치 하인과 같은 존재다.

－막스 디프리(Max Depree)

저항 세력은 자연현상이다

장사를 시작한 지 3년이 되었을 때, 나는 앞서 소개한 언어화된 이념을 고심 끝에 작성해서 발표했다. 하지만 생각지 못한 사태에 직면했다. 직원들의 반응이 '알겠다'와 '뭘 그렇게 까지 하나'로 분명하게 나뉘었다. 창업 초부터 함께해온 오랜 동료를 포함한 몇 명의 직원이 완강하게 저항했다.

기존 환경의 변화를 시도할 때, 반드시 받아들이는 사람과 거부하는 사람이 있다는 사실을 당시엔 잘 몰랐다. 함께 꿈을 이야기하던 창업 멤버를 포함해 조직의 중심인물이었던 사람까지 반대 세력에 앞장섰다. 당신이 리더를 꿈꾼다면, 리더가 조직이 나아갈 방향을 제시한다고 해도 극심한 반대에 가로막힐 수 있다는 사실을 알아야 한다.

반대하는 사람은 온갖 논리를 내세우며 전력을 다한다. 직원 중에는 그만두겠다고 협박조로 말하는 사람도 있었다. 사람은 각자의 환경, 풍토, 문화를 바탕으로 한 자신만의 양식으로 살아간다. 조직의 이념을 명확히 하는 것은 구성원 개인의 삶에도 큰 영향을 주는 일이기 때문에 누구나 단번에 받아들이기는 어렵다. 거부 반응은 어찌 보면 자연스럽다. 구성원의 저항은 자연현상이라는 점을 유념하자.

결국 이념을 하나씩 심화시킬 때마다 한 사람씩 그만두는 사람이 나타났다. 이제는 많이 무뎌졌지만 당시엔 너무 힘들었다. 조직의 방향을 명확하게 한다는 것은 동시에 이별을 각오해야 한다는 뜻이다. 이는 리더의 숙명이다. 아무리 조직의 발전을 위해서라지만, 이렇게 반대 세력에 가로막히면 리더도 사람인지라 당연히 괴로울 수밖에 없다. 그래도 어쨌건 결단해야 한다. 결단하는 일이 리더의 일이다. 머뭇거리지 말고 행동으로 보여야 한다. 마음을 단단히 먹자. 이별이 있으면 또 다른 만남이 있다. 새로운 사람은 견고해진 당신의 이념에 공감하는 사람이다. 오랫동안 함께 걸어갈 동료가 될 확률이 높다. 이념이 명확한 리더에게는 신기하게도 같은 생각을 가진 사람이 모여든다. 지난 개혁의 보상이라고 생각하고 굳건히 전진해야 한다.

구성원 모두에게 조직의 이념이 자리 잡히려면 어느 정도 시간이 필요하다. 우리 회사의 경우엔 대략 3년쯤 걸렸다. 그 시간 동안 내 가장 큰 걱정거리는 직원들의 표정이었다. 겉으로는 짐짓 강경한 척했지만 내심 모두가 떠나버릴까 두려웠다. 하지만 그렇다고 멈출 수는 없었다. 이념이 어느 정도 완성된 다음엔 아침 조례 때마다 이념을 복창하자고 제안했다. 여러 리더들을 만나면서 이념을 자신의 목소리로 내는 행위가 조직의 정체성을 명확히 하는 데 효과가 있다는 사실을 배웠다. 하지만 이때 직원들의 반발이 가장 거셌다. 반발하지 않는 이들은 활기차게 복창했지만 반대하는 이들은 터덜터덜 모여서 투덜거리기만 했다.

마음이 약해진 나는 방책을 고민한 끝에 그냥 하고 싶은 사람만 하는 걸로 결정을 내렸다. 그러자 이번엔 찬성했던 직원들이 반발했다. 자신들의 의욕은 존중하지 않는다는 불만이었다. 창립 멤버 중 한 명인 오랜 동료가 내게 질문했다.

"사장님은 의욕이 있는 사람과 없는 사람 중 어느 쪽 의견을 존중하시는 겁니까?"

"모두의 의견이 같을 수는 없지 않습니까. 강한 사람이 있으면 약한 사람도 있는 거고……."

"약하다니, 누구를 말씀하시는 거죠?"

"그야, 반발하는 사람이죠."

"아니요, 사장님. 그 반대죠. 사장님 말씀을 믿고, 불평 하나 없이 열심히 일하는 쪽이 오히려 약한 입장이죠. 반대하는 사람들은 조직의 발을 묶고 업무를 거부하고 있어요. 다시 한 번 생각해보세요. 입장이 강한건 오히려 그쪽입니다. 반발을 빌미로 아무것도 하지 않고 주장만 밀어붙이는데, 그게 훨씬 강경한 거죠. 믿는 구석이 있어서 제멋대로 하는 사람은 생각보다 훨씬 강해요. 사장님이 약한 사람을 소중히 여긴다면 열심히 일하는 사람에게 기준을 맞춰야 합니다."

이 대화를 계기로 나는 상황을 바라보는 시선이 완전히 바뀌었고 망설임은 단숨에 사라졌다. '우리는 이대로 전진할 테니, 그게 싫으면 이제 따라오지 않아도 된다'고 전달한 뒤, 원래의 계획대로 밀고 나갔다.

이처럼 혁신에는 통증이 수반된다. 성장통이라고 생각하는 수밖에 없다. 하지만 이 모든 통증의 책임은 리더에게 있다는 걸 명심하자. 애당초 체제를 견고히 하지 못한 탓이다. 함께 통증을 견뎌내는 동료들을 위해서라도 하루빨리 조직의 내실을 단단히 해야 한다.

멀리 보면 모든 건 결국 균형을 찾아간다.
떨리는 손을 한껏 뻗으면 잡힐 듯한 곳에 영점
(zero line)이 있다.

– 데이비드 B. 렌츠 (David B. Letz)

직원이 그만둔다고 선언하면 리더의 마음 역시 편치 않다. 영원히 익숙해지지 않을 부분일지도 모른다. 한 명씩 그만둘 때마다 '대체 언제쯤 이런 상황에 익숙해질까'라며 고민하지만 겉으로 티 내지 않는다.

가장 큰 고비는 2년간의 타코야키 행상을 마치고, 매장을 차리기로 결심했을 때다. 불안정한 행상 생활을 벗어나기 위해 큰 빚을 져가며 던진 승부수였는데, 함께 일하던 일곱 명의 직원 중 네 명이 오픈 한 달 전에 한꺼번에 그만둬버린 것이다.

속이 뒤집어졌다. 지금 생각하면 직원들의 마음을 관리하지 못한 내 탓이지만, 당시에는 알 도리가 없었다. 어찌 됐건 정든 직원들이니 나름대로 송별회도 열었지만 그만두기로 한 네 명 중 단 한 명도 오지 않았다. 남은 직원들은 땅이 꺼져라 한숨만 내쉬었다. 더구나 남은 세 명은 말단 직원이었다. 그래도 나를 믿고 따라와 준 보물들이다. 그중 가장 경력이 짧은 한 남자 직원이 나를 보며 말했다.

"사장님, 저 정말 열심히 하겠습니다."

그의 눈을 보자 자신이 하도 한심해서 눈물이 났다. 장례식 같은 송별회였지만, 다시 힘을 냈다.

"그래요, 고마워요. 오늘을 송별회가 아니라 시작을 기념하는 결기대회라고 생각합시다!"

힘차게 다짐은 했지만 속으로는 앞날이 걱정이었다. 아무래도 업무에 미숙한 직원들이기 때문에 지금까지 소화해온 일정을 감당할 수 있을지 의문이었다.

하지만 다음 날, 내 우려가 무색할 만큼 놀라운 일이 발생했다. 오픈 준비를 하는데, '어라? 이 친구, 이런 것도 할 줄 알았나?'라는 생각이 들 정도로 신입 직원들은 능력을 발휘했다. 완전히 다른 사람 같았다. 그들를 보며 하나 깨달은 게 있다. 윗사람의 퇴사가 그동안

막혀 있던 아랫사람의 능력을 꽃 피우기도 한다는 것과 그늘에 가려진 재능을 리더가 발견하지 못하면 활용하기도 전에 불씨가 꺼질 수도 있다는 사실이다. 나 역시 이들의 역량을 전혀 가늠하지 못하고 있었다.

의욕 있는 사람에게 자유롭게 움직일 수 있는 환경을 제공하면, 그 사람은 기대 이상의 능력을 발휘한다. 의지만 있으면, 조직은 쉽게 무너지지 않는다. 다음 싹이 고개를 내밀기 때문이다. 그리고 그 모종은 혹독한 환경을 이겨냈기 때문에 더 강한 나무가 되어 멋진 꽃을 피운다. 싹의 재능을 알아보는 것 또한 리더가 갖춰야 할 중요한 자질임을 명심하자.

두려움은 홀로 감당하고
용기는 다른 이들과 나눠라.

- 로버스 루이스 스티븐슨(Robert Louis Stevenson)

"

8장

다르게 보는 리더가
특별한 조직을 얻는다

강한 장군 밑에 약한 병사는 없다

당신은 영국 해군과 육군의 차이를 아는가, 어떠한 지령을 실행할 때 해군의 리더와 육군의 리더는 태도가 전혀 다르다고 한다. 육군의 리더는 부하와 함께 작업하지만 해군의 리더는 부하에게 작업을 시키고 자신은 관리 감독만 한다. 표면적으로 보면 해군의 리더가 불성실하다고 생각할 수 있다. 사실 이는 리더의 차이라기보다는 병사의 차이다.

육군 병사는 리더가 솔선수범하지 않으면 불평을

늘어놓으며 일을 하지 않는다. 하지만 해군의 병사는 리더가 전혀 도와주지 않아도 불평 하나 없이 리더의 지휘를 따른다. 그 이유는 무엇일까.

답은 이렇다. 영국의 육군은 징병, 즉 강제 징집된 조직인데 반해 해군은 모병제로 운영되는 자발적인 조직이기 때문이다. 즉, 타의로 만들어진 조직인지 자발적으로 모인 조직인지의 차이다.

'리더는 등을 보이며 솔선수범해야 사람이 따른다', '가장 빨리 출근해서 가장 늦게 퇴근하는 리더가 이상적인 리더다'라는 격언이 있다. 하지만 이는 타의에 의해 조직된 집단에서나 사용하는 리더십이다. 자발적으로 모인 구성원들은 리더를 리더만이 할 수 있는 일에 집중하도록 한다. 지원자로만 팀을 꾸리는 건 쉽지는 않지만 가능한 일이다. 사람이 따르는 리더로서의 매력을 기르면 반드시 지원자들로만 구성된 팀을 만들 수 있다. 당신을 자랑스럽게 여기는 이들이 많아질수록, 입소문으로 지원자들이 모여들 것이다.

그렇다면 지원자로 팀을 구성하는 데 방해가 되는 요인은 무엇일까. 가장 큰 방해 요인은 바로 리더의 자기중심적인 행동이다. 주변의 부추김에 무리하게 사업을 확장하거나 주변의 반대에도 아랑곳없이 중요한 결정을 독단해버리는 둥 자신만을 위해 행동하면서 사방에 으스대는 태도다. 이런 리더의 조직은 내부부터 붕괴된다. 나중에는 일손이 부족해 아무 손이라도 빌려야 하는 상황까지 치닫는다. 구성원들의 의욕을 끌어내 목표를 달성하는 역할을 해야 하는 리더가 이 모양이면 결국 조직은 와해된다. 리더의 그릇이 완성되기 전에 허세에 사로잡혀 실패하지 말자. 강한 장군 밑에 약한 병사는 없다. 실로 지당한 말이다.

기본을 지켜야 기호를 누릴 수 있다

'하고 싶은 일을 하라'는 말이 힘을 얻는 시대다. 시대의 흐름이라고는 해도 경제 성장을 뒷받침한 기성세대들은 이 말에 거부감을 느끼기도 한다. 본인들이 만들어준 시대이기도 하니 자부심을 가져도 좋을 텐데, 그렇게 생각하지는 않는 듯하다.

하고 싶은 일을 해야 인생이 즐거운 건 맞다. 하지만 내 눈에는 '하고 싶은 일'이라는 말의 의미가 왜곡되는 경우가 많아 보인다. 예를 들자면, 요즘 같은 글로벌 시대에 영어를 못 해서는 안 된다는 풍조가 나타난 지는 꽤 오래됐지만 현실적으로 영어를 술술 하는 사람은 그리 많지 않다. 그리고 일부를 제외하고는 영어를 못 해도 살아가는 데 별 어려움이 없다. 영어 교육에만 힘을 쏟다 보니 모국어 능력이 떨어지는 현상이 정상적이라고 할 수 있을까. 나는 일단 모국어에 먼저 능숙해져야 한다고 생각하며, 이것이 내가 말하고 싶은 '기본'이다.

나는 '하고 싶은 일'을 하기 전에 '해야 할 기본'이 있다고 믿는다. 이 기본이 갖춰져 있지 않으면 결국 정말 하고 싶은 일도 할 수 없다고 본다. 어떠한 일이든 누구나 처음에는 미숙하기 때문에 고생하지만, 차츰 요령을 익혀 실력이 생기면 자연스럽게 수월해진다.

모국어에 능숙할수록 외국어 습득 능력이 높아지는 것과 같고 자동차의 속력을 올릴 때 1단 기어에 에너지가 가장 많이 사용되는 것과 같다. 사회 초년생 시절에는 우선 허드렛일부터 시작해 다음 단계로 나아간다. 윗사람의 어깨너머로 배우고 성장해서 '기본'을 갈고닦기 위함이다.

'강요하거나 참으라고 하지 말고, 아이의 개성을 존중하자'는 서구식 교육 방식은 훌륭하지만, 이 또한 기본 인성이 갖추어졌을 때 적용하라는 의미가 담겨 있다고 생각한다.

리더는 구성원들에게 하고 싶은 일을 하라고 말하기가 쉽지만은 않다. 공동의 목표가 있는 집단에서 하고 싶은 일을 한다는 것 자체가 난센스다. 종종 구성원들은 격려하는 용도로 사용하는 리더가 대부분이다. 물론 진심으로 그렇게 말하는 사람도 있겠지만, 그들 역시 위화감을 느끼지 않을까. 대부분의 책임은 결과적으로 리더에게 있다는 점을 명심해야 한다. 기본을 강조하는 리더는 언뜻 시대를 역행하는 사람 취급을 받을 수 있지만 기본을 등한시하는 조직이 성공하는 경우는 나는 아직까지 한 번도 본 적이 없다.

리더는 사람을 타성에서 벗어나게 해주는 사람이다. 미지의 세계에 대한 기대를 심어주는 사람이 리더다.

-로사베스 칸터(Rosabeth moss Kanter)

긍정과 합리화는 한 끗 차이다

긍정적인 사고방식을 강조하는 조직을 흔히 볼 수 있다. '긍정'이라는 키워드 역시 하나의 유행이었다. 물론 긍정적인 사고방식은 조직 운영과 개인의 삶 전반에 좋은 영향을 미치지만 이 또한 지나치면 오히려 부정적인 결과를 창출하는 원인이 되기도 한다.

예를 들어, 사업에 실패했을 때 "이건 실패가 아닌 성공을 위한 단계일 뿐"이라는 태도로 현재의 상태를 고수한다면 이는 긍정이 아닌 합리화이자 아집이다. 아무리 관점을 바꿔도 실패는 실패고 위기는 위기다. 진정한 긍정은 실패를 실패로, 위기를 위기로 명확히 직시하고 다음을 생각하는 자세다. 실패를 분명하게 인정하고, 타개책을 생각해서 빠르게 대응한 뒤 성공을 위해 이 실패를 어떻게 활용할까를 고민하는 것이 긍정적인 사고의 올바른 순서다.

한창 위기에 몰린 사람에게 "위기는 기회야"라고 속 편한 소리를 했다간 눈치 없는 사람이 되기 십상이다. 사람이 위기에 처했는데, 도와주지는 못할망정 하등 도움 안 되는 뜬구름 잡는 소리만 했다가는 미움만 산다.

도울 수 있는 방법이 있다면 일단 구체적으로 돕는 것이 우선이다. 안 되는 것은 안 되고, 말은 말일뿐이다. 실속 있는 리더라면 위기 상황에 임할 때, 상황을 명확히 파악하고, 최소한의 리스크를 계산한 뒤 대안을 준비한 다음부터 긍정한다. 상황을 타개할 만한 일말의 대안도 없이 '좋게 생각하면 좋은 일이 생긴다'는 식의 긍정은 긍정도 뭣도 아닌 단순한 도박이다. 그런 식으로 비즈니스에서 승리할 수 있다면 세상 모두가 억만장자일 것이다.

또한 리더는 부하 직원이 고민할 때 함부로 긍정을 권유하면 안 된다. 일단 치열하게 고민할 시간을 갖도록 내버려두는 과정도 필요하다. 넘어진 아이에게 "안 아프다, 안 아프다"라고 말해봤자 아픈 건 아픈 거다. 차라리 "많이 아프겠구나"라고 위로하는 편이 감정적으로나마 낫다. 마음의 고통은 받아들이는 시점부터 자연 치유되기 시작한다. 그쯤부터 긍정적인 사고방식의 효과가 나타나는 것이다. 긍정적으로 생각하는 것도 타이밍이 중요하다. 지나치게 편중된 긍정론은 유의하자.

경영은 테크닉이나 학문이 아니다. 인간과 인간의 부딪침이며 마음과 마음의 접촉이다.

– 스카모토 고이치

9장

새내기 리더가 착각하기 쉬운
리더십의 본질

인맥의 배신

이십 대 중반 땐 만남 자체에 의의를 두고 다양한 모임에 참석했고, 멋진 사람, 성공했다고 불리는 사람들을 찾아다녔다. 그중 내게 많은 영향을 준 사람이 있다. 그는 부하 직원들에게 신뢰받았고 그 역시 직원들을 소중히 여겼다. 이상적인 조직이었다. 나는 그 조직이 너무 마음에 들어 그에게 여러 가지를 물어 배운 뒤 우리 회사 직원들에게 전달했다.

"○○사장님의 조직은 굉장했습니다. 우리도 벤치

마킹을 하는 게 어떨까요"라고 말했지만 직원들의 반응은 영 신통치 않았다. 건성으로 대답만 하고 별다른 변화를 보이지 않았다. 지금 생각해보면 나만 보고 들은 내용을 가져와서는 앵무새처럼 떠들어봤자 제대로 전해질 리가 없었다. 하지만 가장 큰 문제는 다른 데 있었다. 어느 날 한 직원이 물었다.

"저희의 리더는 누구죠? 그 사장님인가요?"

"그건 아니지만 좋은 건 배워야지."

"그렇죠, 하지만 사장님의 생각으로 말씀해주세요. 저희는 사장님을 따르는 거라고요. 요즘 많은 분들을 만나셔서 그런지 어떤 사장이 굉장하다는 식의 말씀을 자주 하시는데, 사실 꼴불견이에요. 차라리 알 수 없는 소리를 하면서도 '나를 따르라'던 예전의 사장님이 더 낫네요."

나는 머리에 냉수를 뒤집어쓴 기분이었다.

'꼴불견이에요⋯⋯.'

그 말이 머릿속에서 계속 맴돌았다. 어찌할 바를

몰라 그 사장님에게 전화를 걸어 자초지종을 설명했더니 사장님이 웃으면서 말했다.

"하하하, 그 친구 말이 맞네, 참 좋은 직원을 뒀군. 당신 회사는 크게 될 거야."

뜻밖의 반응이었다. 사장님은 말을 이었다.

"장차 크게 될 회사는 좋든 나쁘든 간에 직원들이 리더의 말을 믿네. 직원이 그런 말을 한다는 건 리더인 당신을 좋아한다는 증거일세. 그리고 당신이 괜히 여러 사람들에게 머리를 숙이면, 당신을 따르는 직원들도 그 사람에게 머리를 숙여야 하지 않겠나. 그래서는 리더로서 실격이야. 아무리 소규모 기업이라도 사장이 대장이라네. 여러 사람들을 만나서 머리를 숙이기보다는 현장에서 직원들과 땀을 흘리게나. 그게 대장의 역할이지."

맞는 말이다. 따라와주는 동료들이 있는데 리더라는 사람이 쓸데없이 다른 리더에게 고개를 숙인다면 자신을 따르는 동료들의 머리를 숙이게 하는 거나 마찬가지다.

물론 리더는 새로운 사람과의 만남이 잦을 수밖에 없다. 좋은 만남에는 인생을 변화시키는 힘이 있지만 오히려 악영향을 끼치는 만남도 있다. 이 두 가지 만남의 유형은 아주 손쉽게 구분할 수 있다. 서로에게 어떤 도움을 줄 수 있을지를 고민하는 만남과 자신의 것은 감추고 상대의 것은 얻어가려는 만남으로 나누면 된다. 누구나 몇 번 만나 보면 구분할 수 있다.

많은 경영자가 자신에게 도움이 될 만한 사람을 만나 비즈니스를 확대하기 위해 명함 다발을 들고 여러 모임에 참석한다. 그곳에서 주고받은 명함들을 가리켜 '인맥'이라고 말한다.

그럴듯하지만, 과연 인맥이란 무엇인가? 계산적인 이해득실의 상징 같은 단어지만 내가 보기에는 이해득실에도 별 도움이 안 된다. 스물여섯 살에 장사를 시작했을 무렵, 주변에서는 "리더는 여러 사람과 교류해야 한다", "리더는 밖에서 인맥을 만드는 것이 일이다"

라며 만남을 주선했다. 나는 그 말을 굳게 믿었고 파티나 사교 모임에 초대받으면 무조건 참석했다. 물론 결과적으로는 내 능력 부족일 수 있지만, 그때 받은 명함 속 인물들 중 현재 가깝게 지내는 사람은 거의 없다. 있는 돈 없는 돈 다 털어서 모임에 참석했지만 남은 건 산더미 같은 명함뿐이었다.

당시 나는 사람을 만나면 인생이 풀릴 기회를 얻을 수 있을 거라고 생각했다. 내가 상대에게 무엇을 해줄 수 있을지를 고민하기보다는 만난 상대에게서 무엇을 얻을 수 있을지만 생각했다. 현재 내가 의지하는 동료들을 어디서 만났는지 생각해보니 대부분 업무 현장에서 만난 사람들이었다. 가게를 찾아주는 손님으로부터 시작된 관계가 가장 많았다. 내 경험상 별 목적도 없이 밖에서 어슬렁거리는 것보다는 자기 일에 집중해 실력을 기르는 편이 결과적으로 좋은 사람을 만나는 데 더 도움이 된다.

'기회는 밖에 있다'고 믿던 시절, 한 노년의 경영

자가 내게 말했다.

"자네는 사람들을 많이 만나서 뭘 하고 싶은 건가?"

"네? 이것저것 배우기도 하고, 더 많은 기회를 얻을 수 있지 않을까 싶습니다."

"물론 그것도 멋진 일이야. 하지만 성공한 사람들은 자네가 단지 만남을 즐기는 건지, 정말 일에 전념하고 있는지 금방 안다네. 애당초 남에게 기회를 얻으려고 기를 쓰는 젊은이보다 맡은 자리에서 열심히 실력을 갈고닦는 젊은이가 훨씬 매력적이야. 자신이 먼저 찾아가는 것이 아니라, 입소문으로 다른 사람이 찾아오게 만드는 삶이 훨씬 멋지지 않겠나?"

지금 돌이켜보면 당연한 말이지만, 당시의 나는 그야말로 새로운 눈을 뜬 것 같았다. 다행히도 성격이 단순했기 때문에 당장 모임을 끊고, 일에 몰두했다. 그러자 얼마 지나지 않아 가게가 빠른 속도로 입소문이 나면서 많은 사람들이 찾아오기 시작했다. 심지어 아무리 만나고 싶어도 만날 수 없던 사람까지 먼저 나를 찾아왔다. 놀라운 경험이었다. 그때부터 후원도 많이 들어오기 시작해 직원들은 기뻐했고 경비도 절감됐다.

정말 매력적인 사람은 공통적으로 자신의 것부터 소중히 여긴다. 당신의 상품이 마음에 들어 자주 찾아오는 손님, 그리고 당신이 좋아서 열심히 일하는 직원들, 그들이 당신의 진정한 인맥이다.

'안에서 밖으로.'

다시 한 번 말하지만 리더인 당신이 가장 소중히 여겨야 할 것은 본업과 찾아오는 손님, 그리고 함께 일하는 동료들이다.

우상의 허상

여러 리더를 만나서 명함을 교환하다 보면 대개 이름보다 회사명과 직함에 눈이 간다. 나 역시 마찬가지였다.

'연매출 ○억,' '전설의 ○○사장,' '소문의 ○○ 씨.'

새내기 리더들은 이런 타이틀이 붙은 사람과 만나면 기분이 고조되기 마련이다. 인맥을 중요시하는 사람들에게는 찬물을 끼얹는 소리처럼 들리겠지만, 그 명성을 지나치게 믿을 것도 없다는 사실을 알려주고 싶다. 리더에게는 아우라가 필요하다. 아무래도 그럴싸한 타이틀이 있는 리더가 있어 보이는 건 사실이고 사업을 진행할 때도 더 수월한 부분이 있다. 그래서인지 리더 중에는 눈에 띄는 자신만의 타이틀을 얻기 위해 다른 사람들이 전혀 시도하지 않는 무리한 도전을 하는 이들이 있다. 그 수렁에 한 번 빠져들면 '내뱉은 말을 실현시키지 않으면 바보 취급당한다'는 착각에 빠져 점점 더 무모한 도전을 하게 된다. 이미 되돌릴 수 없는 상황까지 왔을 땐 주변에서 우려의 목소리를 내봤자 궁지에 몰린 기분에 도리어 큰소리를 친다. 나는 이 구제불능의 상태를 '굉장함의 지옥'이라고 부른다.

이는 애초에 도전이 아니라 허세다. 이러한 허세에 피해를 보는 건 주변 사람들이다. 시간이 지나면서 조직은 엄청난 패닉 상태에 빠진다.

나 역시 '3년 내에 매장 ○곳 출점, 연매출 ×억!' 같은 현실성 없는 계획을 세운 적이 있다. 내가 아무리 현장에서 "이 목표를 달성하자!"라고 말해봤자 진심으로 반응하는 직원은 없었다. 직원들 얼굴에는 이렇게 쓰여 있었다.

'또 모임에서 무슨 소리를 듣고 왔나 보네.'

하지만 나는 "목표는 중요합니다. 여러분들은 각

오가 부족합니다"라며 기염을 토했다. 그때 함께 일하는 남동생이 내게 한마디 했다.

"형, 정말 이게 가능하다고 생각해?"

"사실 별로 자신은 없지만, 구체적인 숫자가 필요하다고 생각해서……."

"이런 말 하기는 좀 그렇지만, 목표를 이뤘을 때 형 혼자만 기쁘면 무슨 의미가 있겠어."

맞는 말이었다. 나는 남들이 "이런 회사를 세우다니 굉장해!"라고 말해주기를 원했던 것이다. 입장을 바꿔서 내가 그 리더의 부하라면 나라도 따르지 않을 것이다. 원래 이웃의 잔디가 더 푸르게 보이는 법이다. 그리고 많은 리더들이 이웃의 잔디를 따라잡기 위해 본인의 잔디와 비교하면서 얼토당토않은 계획을 세운다.

사업은 현실이다. 한 조직을 이끄는 일은 드라마틱하지 않다. 잔인하지만 얼마만큼 애썼는지는 어차피 결과에 따라 평가된다. 그러니 타인의 평가에 자신을 억지로 끼워 맞추지 말고 중심을 잡자. 앞서 말했듯이 리더가 흔들리면 아랫사람은 그 세 배는 더 흔들린다. 물론 여러 사람들을 만나서 견문과 인맥을 넓히는 게 좋은 시기도 있다. 하지만 그것은 자신의 발밑을 확실하게 다진 뒤에 할 일이다.

벽을 내려치느라 시간을 낭비하지 마라. 그 벽이 문으로 바뀔 수 있도록 노력하라.

– 가브리엘 코코 샤넬(Gabrielle Chanel)

규모의 몰락

　요즘은 규모만으로는 승부를 보기 힘든 시대다. 다 그런 건 아니지만, 확실히 과거에 비해 규모만 추구하는 추세는 힘을 잃고 있다. 이제는 '양보다 질', 호화로운 외관보다 그 안의 매력에 반응하는 시대다. 리더 역시 시대에 발맞춰 변해야 한다. 책을 쓰면서 동시에 회사를 경영하는 내 경우를 예로 들어 설명해보겠다.

　현재 내겐 독자와 직원 그리고 손님이 가장 큰 재산이다. 회사가 번성하고 책이 잘 팔리면 회사의 규모를 키운다거나 베스트셀러를 노리고 다음 책을 집필할 수도 있겠지만, 나는 책을 몇 만부 팔겠다거나 매출을 크게 올린다거나 하는 것엔 크게 관심이 없다. 물론 책이 잘 팔리고 가게가 번성하면 기쁘다. 하지만 그건 독자와 직원, 손님들을 만족시킨 다음의 문제다.

　'내 소중한 사람들은 지금 뭘 원할까. 어떻게 하면

그들에게 기쁨을 줄 수 있을까'를 고민하고 실천하는 조직은 화려한 외면과 규모를 앞세운 조직보다 훨씬 더 견고하고 내실 있는 조직이다. 또한 장기적으로 보면 주변인의 만족이 최고의 마케팅 효과를 낸다. 어떻게 하면 더 그럴싸하게 보일까를 고민하는 데 시간을 쓰는 것보다 훨씬 효율적이다.

내가 아는 한 경영자는 "내부 구성원이 행복하지 않은 조직은 반드시 무너진다"라고 입이 닳도록 말했다. 옆 사람의 행복은 단순히 그 사람의 행복에 그치지 않고 주변으로 퍼지는 성질이 있다고 한다.

"아하, 장사로 말하면 단골을 소중하게 여기는 것과 비슷하네요."

"그래, 그동안 가게를 버티게 해준 사람이 누구겠나."

"직원들과 단골들이죠."

"그렇지, 하지만 모두 반대로 한다네."

"반대라뇨?"

"예를 들어 신규 고객은 할인해주면서 단골에게는 정규 요금을 받고, 기존 직원에게는 무신경하면서 외부에서 새로운 경영자를 뽑는 거지. 이상한 일이야, 그 반대로 해야 하는데."

"듣고 보니 그러네요……."

"사업도 인생도 마찬가지라네. 조직의 비약을 위한다는 명분으로 멀리만 보다가 발밑의 문제를 보지 못하고, 리더의 역할에 도취되어 자신이 리더일 수 있는 이유인 구성원들의 존재를 잊어버리면 안 된다네. 정말 사업을 키우고 싶으면 지금 자네를 소중히 여겨주는 사람들을 소중히 여겨야 해. 그 반대여서는 안 되네. 그동안 지지해준 사람들을 만족시키려면 어떻게 할지 항상 그걸 먼저 생각해야 돼."

"네, 명심하겠습니다."

"그 정도도 안 하면서 그저 새로운 사람들만 끌어모으려고 해봤자 정체성도 옅어지고 초심도 희미해진다네."

"무슨 말인지 알 것 같습니다."

나는 책을 쓰기 시작하고 나서 실감한 것이 있다. 핵심 독자층을 설정하지 않고 불특정 다수의 독자를 겨냥해서 쓰려고 하면 나 자신도 무슨 말을 하고 싶은지 알 수 없는 글을 쓰게 된다는 사실이다.

사업도 마찬가지다. 핵심 타깃을 명확히 설정하고 그들을 겨냥한 컨셉을 잡아야 한다. 모두를 만족시키겠다는 허황된 욕심으로 이도 저도 아닌 컨셉을 잡았다가는 결국 아무도 만족시킬 수 없다. 과거는 규모의 시대였다. 뭐든 크게 하고, 화려하게 하고, 글로벌하다는 말만 붙이면 쉽게 풀렸다. 하지만 시대는 바뀌었다. 크고 화려하기만 해서는 안 되고, 기존의 것과 똑같아도 실패한다. 이제 실속과 취향의 시대다. 내용을 충실히 하는 것이 성공의 열쇠다. 리더는 가장 먼저 내부 구성원들을 챙기고 그들과 함께 내실 있는 결과물을 만들어 고객의 내면을 공략해야 한다.

10장

리더십의 미래 :
언젠가 당신도 리더가 된다

발이 느려도 혼자 뛰면 언제나 1등이다

조직을 이끄는 리더는 종종 선장으로 비유된다. 바다 위에서는 선장의 지시에 따라 선원들의 운명이 결정된다 해도 과언이 아니다. 순항할지, 난파할지는 선장의 지시에 달려있다는 점이 리더의 역할과 같다.

리더로서 조직의 항로를 결정할 때 이것 하나는 기억해두자. 세상에는 두 가지 바다가 존재한다. 레드오션과 블루오션이다. 레드오션은 피 튀기며 싸워야 하는 치열한 시장이다. 나는 레드오션을 '피로 물든 바다'라고 표현한다.

대개 질 좋은 상품을 싸게 제공하기만 하면 사업이 성공할 거라고 믿는다. 하지만 일단 이 '질 좋은 물건을 싸게 판다'라는 것부터가 불가능하다. 이는 대기업이나 가능한 전략이다. 물량부터가 다른 대기업은 원재료를 싸게 구입하니 싸게 팔 수도 있는 것이다.

일반 개인이 운영하는 소규모 사업체가 대기업과 동일한 가격을 책정하면 어떤 일이 발생할까? 당연히 돈을 못 번다. 돈을 못 벌면 직원들에게 만족스러운 대우를 해줄 수 없고 거래처에 무리한 가격 협상을 제시하는 악순환의 일어난다. 누구 하나 잘되면 우르르 따라 하는 문화 때문인지 오늘날에는 별생각 없이 레드오션을 향해 노를 젓는 선장이 많다. 돈이 되는 일이라고 모두가 뛰어들어버리면 경쟁은 치열해지고 성공할 확률은 점점 줄어든다. 레드오션 시장은 고생하는 정도에 비해 돌아오는 것이 적다. 약육강식의 법칙이 여실히 적용되는 세계이기도 하다.

이에 반해, 경쟁이 없고 풍요로운 바다가 바로 블루오션이다. 자신들이 나아가고 싶은 항로를 선택한다. 그래서 적이 많지 않다.

블루오션으로 향하는 방법은 간단하다. 유행하는 상품이 있는 시장은 단번에 레드오션이 된다. 때문에 모두가 좌측으로 모여 있으면 우측으로 가면 된다. 선장이 허세가 없고 전략적이라면 블루오션에서 즐겁게 항해할 수 있다.

나는 음식점이라는, 어떤 의미에서 레드오션에 휘말리기 쉬운 업종부터 시작했지만 우리만의 스타일을 만들어 블루오션을 개척하려고 노력했다. 손님의 생일 축하 파티에 온 정성을 쏟고, 율동을 연습하고, 극단을 만드는 등 정공법과는 거리가 먼 어찌 보면 비효율적인 일을 반복하면서 우리의 세계를 구축해나갔다. 또한 나는 음식점 경영자이면서 작가이기 때문에 '책을 만드는 음식점'이라는 브랜딩에도 성공할 수 있었다. 애당초 음식점에서 책을 만들면 안 된다는 법은 없다.

혼자서 뛰면 아무리 발이 느려도 일등이다. 리더
는 현혹되지 말고, 자신의 감성으로 항로를 찾아야 한
다. 흐름의 반대를 살피자. 물론 모두가 가지 않는 곳
에는 분명 이유가 있다. 아예 정반대로 생각하자는 말
이 아니라 약간 비스듬하게 보는 관점이 필요하다는
말이다. 지금 이 순간에도 블루오션은 탄생하고 있다.
당신의 조직만이 도달할 수 있는 블루오션은 반드시
존재한다.

이끌거나, 따르거나, 비켜서라.

– 테드 터너(Ted Turner)

▎
레드오션은 핫플레이스다

그렇다면 레드오션에는 아예 접근도 하지 말아야할까. 사실 그렇지는 않다. 예를 들어 당신이 우동가게가 많은 지역에서 장사를 시작한다고 가정했을 때, 그곳에서 대박을 터뜨리려면 무슨 장사를 해야 할까.

이 질문에 많은 사람들이 "우동은 포화 상태일 테니, 라멘으로 하면 대박 나지 않을까? 틈새시장을 노려야지"라고 말한다. 하지만 프로 사업가들은 한결같이 "우동 가게를 해야 한다"라고 답한다. 이미 우동 가게가 많아 틈새가 없을 거라 생각하지 않고, 이 많은 우동 가게가 유지될만한 수요가 있다는 걸 먼저 생각한다. 다른 곳보다 더 특별하면 된다며 평범한 우동 가게가 놓치고 있는 부분에 독자적인 방식을 더하면 성공할 수 있다고 말한다.

예를 들어, 평범한 우동 가게 중 밝은 미소로 인사하는 곳이 없다면, 미소가 가득 찬 가게로 컨셉을 잡아서 서비스의 질을 높인다던지, 주변의 물가가 너무 싸다면, 아예 마음먹고 고급 노선을 선택하는 등의 방법이 있다. 같은 우동 가게라도 일반적인 우동 가게의 기준에서 살짝 벗어나는 것이다. 경쟁하는 것 같으면서 실은 업태가 다른 것이나 마찬가지다. 이것이 사람을 끌어당기는 리더의 비즈니스 방식이다.

'라멘 가게가 없으니까 차리면 무조건 잘 된다'는 생각은 단순한 산술적 계산이다. 새로운 수요를 개척하는 일은 생각처럼 간단하지 않다. 많은 시간과 노력이 든다. 진정한 프로는 우동 가게를 돌아다니며 손님들의 니즈를 발굴하는 편이 빠르다는 것을 안다.

많은 젊은 리더들이 아무도 하지 않는 것을 성공시켜 영웅이 되려고 한다. 하지만 대부분 고생만 하고 실패한다. '아무도 안 하는 일'을 찾는 것보다는 '할 수 있지만 안 하는 일'이나 '필요하지만 없는 것'을 찾아

내어 발전시키는 게 성공 확률이 높다. 지금 있는 것을 살짝 틀어서 생각하기만 해도 새로운 세계가 펼쳐진다. 뻔한 것을 뻔하지 않게 하는 게 새로움을 만들어내는 것보다 더 어려울지 모른다. 하지만 성공만 한다면 당신은 그 무엇보다 매력적인 세계를 구축할 수 있다.

따라야 할 장세는 하나밖에 없다. 강세도, 약세도 아닌 추세다.

– 제시 리버모어(Jesse Livermore)

란체스터의 법칙

나는 '란체스터의 법칙'을 경영 지침으로 삼는다. 젊은 시절 책을 통해 알게 된 이론인데, 약자가 강자와 싸울 때 기억해두면 큰 도움이 되는 비즈니스 법칙이다. 내용 중 '약자는 거리를 넓히지 말고, 에너지를 집중시켜라'라는 말이 있다. 요컨대, 싸우는 장소를 넓히지 말고 국지전으로 승리하라는 뜻이다.

나는 음식점 세 곳을 경영하며 동시에 집필, 출판, 인력 컨설팅, 강연과 세미나 등 몇 가지 사업도 함께하고 있다. 나는 란체스터의 법칙을 따라 각 매장의 거리를 멀지 않게 했다. 하지만 딱 한 가지 이동 거리를 조절하기 힘든 일이 있는데, 바로 강연이다. 연간 200번의 강연회가 있던 때는, 집필과 매장에 신경을 쓰지 못했다. 덕분에 수입은 꽤 올렸지만, 올해 임원 회의에서는 '강연은 최대한 줄이고, 매장 관리에 집중하자'고 제안했다. 그리고 나머지 사업에 온 힘을 집중하기로 했다.

우리 회사 사무실은 세 곳의 매장 중심에 위치해 있다. 건물에서 각 매장까지 뛰어서 1분 정도의 거리다. 집필도 사무실에서 가능하기 때문에 에너지가 낭비되지 않는다. 인재육성사업부는 올해도 벚꽃 축제 연수를 개최하고, 음식사업부는 해산물 가게와 라멘 가게를 개점했다. 출판사업부는 『남자의 조건』, 『삶이 힘들 때 지란에 가라』를 출간했다.

그동안 여러 일들을 했지만, 아마 올봄부터 여름까지 만큼 다양한 일을 한 번에 소화한 적은 없었다. 일이 겹쳤던 것이다. 내가 하고 싶은 말은 이처럼 빡빡한 일정을 소화할 수 있었던 것은 '이동 거리를 넓히지 않았기 때문'이다. 사실 처음엔 주변 건물이 비어서 우연히 가깝게 자리를 잡았지만 물리적으로 가까우니 그만큼 에너지가 절약되는 걸 확인한 뒤 탁월한 선택임을 깨달았다. 사무실에서 원고를 쓰면서도 인테리어 회의를 하고, 밤에는 손님에게 인사하러 매장에 들르는 스케줄이 가능하다는 사실에 새삼 놀라고는 한다. 모든 일정을 마치고도 사무실로 돌아가 원고를 써도 될 만큼 시간이 남는다.

출판 사업부의 멤버들도 업무를 병행하고 있는데, 시간이 생기면 매장을 빠져나와 사무실로 가서 책 표지 디자인과 편집 일을 한다. 음식점 세 곳은 직원들이 뛰어서 1분이면 갈 수 있기 때문에 서로 도와주기도 수월하다. 직원들은 각 매장에 별명을 붙여 소통한다. 분점을 출점했다기보다는 증설이라고 하는 편이 더 어울릴지도 모른다. 나는 인테리어 공사 중인 가게 카운터에서 원고를 쓰기도 한다. 이 모든 게 가능한 이유는 물리적인 거리를 좁히고, 강연회를 줄여 에너지를 한 곳에 집중한 데 있다. 거리가 멀었다면 절대 불가능한 스케줄이다. 당신도 '란체스터의 법칙'을 꼭 참고하기 바란다.

헨리 민츠버그의 개개인이 빛나는 조직

앞으로의 시대에는 훌륭한 리더의 기준과 올바른 조직의 형태가 크게 변할 거라 단언한다. 강력한 파워를 가진 한 명의 리더가 이끄는 카리스마형 조직에서 제각기 역할을 맡아 모두가 주역이 되는 만다라曼茶羅형 조직으로 진화할 것이다. 이를 스핀오프spin-off 조직이라고도 부른다.

리더가 선두에 위치하지 않고 중앙에서 동료에게 힘을 보태는 형태다. 일찌감치 그 사실을 깨달은 리더들은 자신이 눈에 띄는 것이 아니라, 주변에 있는 사람들을 빛내는 방향으로 자신의 위치를 전환하고 있다. 이런 조직의 형태는 새롭지만 어떤 의미에서는 가장 오래된 방식이다.

알게 된 지 약 15년이 된 훌륭한 경영인이 있다.

얼마 전, 내 신간을 전해드리러 찾아뵙고 같이 식사를 했을 때, 그분이 가르쳐준 경영법이 하나 있다. 바로 '커뮤니티십형 경영'이다. 이 시대에 성공하는 회사나 조직의 리더는 대부분 이 경영법을 적용하고 있다. 왜 카리스마형 조직이 막을 내리는지, '커뮤니티십'이 무엇인지 설명하겠다.

이 이론을 만든 경영사상가 헨리 민츠버그^{Henry Mintzberg} 교수는 다음과 같이 지적한다.

'개인적인 가치관을 중심으로 하는 미국의 능력주의 리더십이 주류가 된 탓에 가장 중요한 커뮤니티 정신이 상실되고 있는 건 아닐까.'

조직에서 능력을 인정하고 대우해주는 건 좋지만 너무 한쪽에만 빛을 비추면 자연히 다른 한쪽에는 어둠이 깔리게 된다. 빛나는 소수보다 묵묵히 할 일을 해나가는 이들이 다수다. 능력주의 시스템은 그들의 자존감에 악영향을 미쳐 노동 의욕을 상실하게 한다. 이러한 경영이 지속되어도 괜찮을까.

이제는 개개인이 자기중요감을 갖는 조직으로 탈바꿈해야 한다. 서로 돕고 협력하는 것을 바람직하다고 여기는 분위기를 형성해야 한다. 개개인이 리더이자 구성원으로서 움직이고, 회사의 방향과 그에 따라 자신이 할 일을 구성원 모두가 명확히 이해하는 것이 바로 커뮤니티십이다.

나는 깊히 공감했다. 내가 지금껏 신념을 가지고 구축해온 우리 조직이 인정받는 기분이 들어 새삼 해온 일이 자랑스러워지고 마음이 놓였다.

내가 늘 중요하게 여기는 것은 구성원들의 행복이다. 그것을 어떻게 실현할지 생각했을 때 '안에서 밖으로'라는 경영 방식이 탄생했다.

존중과 리더십. 이 두 가지는 양립할 수 있다. 이 양립이야말로 장차 다가오는 시대에 상사와 부하 직원 각자의 재능을 가장 활성화할 수 있는 형태다.

리더가 부하 직원을 존중하고, 부하 직원이 리더를 신뢰하고, 동료끼리 서로 아끼는 커뮤니티십 조직은 강하다.

　이 책에서 반복해서 서술하지만 자신의 가까이에 있는 사람을 가장 먼저 소중히 하는 방식은 가장 느려 보이지만 가장 빠른 성장법이다. 리더인 당신이 직원들을 소중히 여기고, 안정감을 줌으로써 직원들은 불안해하지 않고 진심으로 손님을 대한다. 그리고 감동받은 손님들의 입소문으로 사업이 발전할 것이다. 이 때 리더는 허영심에 사로잡혀 무리하게 사업을 확장한다거나 현장이 아닌 다른 것에 마음을 빼앗겨 자신의 발밑을 잊어서는 안 된다.

　생각지 못한 돈이 생겼을 때, 자신이 갖고 싶던 물건을 사는 리더가 아니라 동료들과 고깃집에 갈 줄 아는 리더의 시대가 올 것이다. 누구나 남에게 소중한 존재가 되기를 원한다. 나나 당신, 그리고 당신 주변에 있는 사람들 모두 마찬가지다.

　앞으로의 성공은 '개개인이 빛나는 조직을 만들 수 있는가'에 달렸다. 이제 종축의 시대에서 가족적인 유대를 추구하는 횡축의 시대가 된다.

리더인 당신이 주변 사람을 소중히 여기고, 만나는 사람 모두를 가족, 친구, 연인이라는 생각으로 맞이한다면 당신을 중심으로 강력한 커뮤니티가 형성될 것이다. 이제 리더는 카리스마가 아니라 모두 주역이 되는 스테이지를 만드는, 즉 '사람을 돋보이게 하는' 능력을 길러야 한다.

그런 리더가 되었을 때, 스스로 주장하지 않아도 주변 사람들이 당신을 동경하게 된다. 그 작은 입소문이 거듭되면 당신은 '가만히 있어도 사람이 따르는 리더'가 된다.

등잔 밑이 어둡다는 속담이 있다. 당신이 지금 서있는 곳의 매력은 그곳에서 가장 멀리 떨어져 있는 사람에게 더 잘 보이는 법이다. 굳이 먼 나라에 경영을 배우러 가지 않더라도 현명한 자국의 리더들이 리더본연의 자세를 가르쳐주고 있으니 참고해야 한다.

마지막으로 어떤 시대든 변함없이 사람들이 따르

는 리더의 조건은 '행동의 바탕에 사랑이 있는가?'이다. 리더의 역할은 쉽지 않다. 사람들은 항상 리더를 평가한다.

"당신 밑에서 일해서 좋았다"

리더에게는 최고의 칭찬이다. 리더들이여, 지름길은 없다. 똑바로 왕도를 걸어야 한다. 자신이 믿는 길을 가라. 이 세상에 사랑을 가진 리더보다 강한 존재는 없다.

당신의 리더 인생을 응원하며

리더의 삶은 보람도 있지만 정말 어렵다. 잘난 듯이 내 신념을 썼지만, 나도 여전히 밤낮으로 공부한다. 나는 책을 쓰기 전에 내 주변에 있는 단 한 명의 리더를 위해 쓴다는 마음가짐으로 집필했다. 또한 이론보다는 실천한 대로 쓰고 나 또한 쓴 대로 실천하겠다고 다짐했다. 이 두 가지는 나 자신과의 약속이다.

리더가 아닌 사람이 들으면 공감되지 않는 부분도 있을 것이다. 모든 사람은 서로 다른 입장에 있다.

신입 사원, 중간 관리직, 주부, 샐러리맨 등 각자의 입장에 따라 다르게 읽힐 것이다. 이번에는 마음먹고 독자를 리더로 한정했다. 그 점을 이해해주기 바란다.

고맙게도 요즘 내 책을 읽는 독자들이 많아졌다. 독자들을 위해 책을 쓰지만 우리 회사 직원들을 위해서도 책을 쓴다. 반드시 행복하게 해주고 싶은 사람들이다. 그들이 없었다면 많은 것들이 절대 불가능했을 것이다. 이런 나를 지원해준 멋진 직원들과 독자들 덕에 아주 즐거운 마음으로 쓸 수 있었다.

후쿠오카에 모여 표지를 만들고, 내가 경영하는 가게에서 먹고 마셨던 시간은 정말 즐거웠다. 책은 저자 혼자의 힘으로 만들 수 없다. 이번 책은 많은 사람의 에너지와 지혜가 담긴 책이다. 이 자리를 빌려 이번 작업에 참여한 분들에게 감사의 말을 전하고자 한다.

출판 기회를 준 가와카네 마사노리 사장님, 기획을 제안하고 실현하기 위해 동분서주한 미야와키 미치코 부장님, 오랜 시간이 걸렸지만 끝까지 함께 해주셔서 진심으로 감사합니다. 또 같이 일해봅시다.

그리고 새로 우리 팀에 들어온 홍보실의 엔도 레이코 씨, 이름대로 늘 밝은 미소로 우리를 격려해주셔서 고맙습니다.

마지막으로 늘 저의 책을 읽어주는 당신에게 진심으로 감사드립니다. 당신의 리더 인생이 더 행복해지기를 바랍니다. 감사합니다.

깊어지는 가을을 느끼는 도쿄 시나가와 호텔에서

나가마쓰 시게히사

당신은 리더형 인간입니까?

이 질문에 많은 사람이 "아니요, 저는 리더와 거리가 멀어요"라면서 손사래를 친다.

하지만 두 사람만 모여도 리더가 필요하고 어느샌가 자연스레 리더 역할을 맡는 사람이 나타난다. 이처럼 리더십은 우리의 일상과도 맞물려 있다. 그렇다면 어떤 리더가 이상적인 리더일까.

주변을 압도하며 구성원을 이끄는 카리스마형 리더일까. 아니면 천천히 가더라도 모든 구성원들의 의견에 귀를 기울이고 다툼 없이 함께 가는 친구 같은 리더일까.

모든 유형의 리더마다 각기 일장일단이 있을 것이다. 또한 시대 상황과 구성원이 누구냐에 따라 요구되는 리더의 역할도 다를 것이다.

하지만 리더라면 반드시 지녀야 할 조건이 있다. 바로 '사람을 끌어당기는 힘'이다.

우리가 좋아하는 리더는 사실 능력이 특출한 사람이 아니다. 특별할 건 없지만 마음이 끌리는 리더다. 과연 그들의 어떤 면이 사람을 따르게 하는 것일까.

저자는 사람을 끌어당기는 리더가 되기 위해서 먼저 리더 자신의 주변부터 살피라고 말한다. 발밑에 잠든 매력을 끌어내고, 주변 사람들을 소중히 여겨 그들이 웃는 얼굴로 일할 수 있는 행복한 공간을 제공할 수 있어야 한다고 말한다.

또한 무조건 '이렇게 하라, 저렇게 하라'며 지시하는 것이 아닌 구성원들의 정신적인 메리트, 즉 자기중요감을 충족시켜야 한다. 자기중요감은 구성원을 일류로 성장시키는 필수 요소다.

자기중요감을 느낀 사람은 일하는 태도가 바뀌고, 그에 감동받은 손님들은 입소문을 낸다. 그러면 자연히 인재와 손님을 끌기 위해 일부러 먼저 찾아 나서지 않아도 제 발로 찾아오는 것이다.

이처럼 리더가 허영심을 버리고 구성원들을 소중히 여기고 존중한다면 자연히 리더 주변에는 사람이 따르게 된다. 그렇게 존중으로 연결된 공동체적 개념인 커뮤니티십이 형성된다. 개개인이 빛나고 모두가 주역이 되는, 즉 '사람이 가장 돋보는 조직'만이 살아남을 거라 말한다.

강렬한 카리스마로 사람들을 이끄는 리더도 좋지만, 이 시대에 요구되는 리더는 괴로운 일과 즐거운 일을 함께 나누면서도 몇 걸음 앞서 있는 사람일 것이다.

앞에서 두 사람만 모여도 리더가 필요하다고 했다. 그 말은 누구나 리더가 될 가능성이 있다는 의미다. 이 책은 이미 리더인 사람들을 위한 책이 아닌 리더가 될 가능성이 있는 모든 사람, 바꾸어 말하면 사회라는 공동체 속에서 함께 어울려 살아가는 우리 모두에게 도움이 될 책이다.

2016년 9월

김윤수

옮긴이 김윤수

동덕여자대학교 일어일문학과, 이화여자대학교 통역번역대학원을 졸업했다. 옮긴 책으로는 『부자의 그릇』, 『부자의 집사』, 『왜 나는 영업부터 배웠는가』, 『심플을 생각한다』, 『나는 더 이상 착하게만 살지 않기로 했다』, 『가면사축』 등이 있다.

가만히 있어도 사람이 따르는 리더의 조건
왜 나는 이 사람을 따르는가

초판 1쇄 발행 2016년 10월 12일
초판 6쇄 발행 2022년 3월 21일

지은이 나가마쓰 시게히사
옮긴이 김윤수
펴낸이 김선식

경영총괄 김은영
디자인 황정민 **책임마케터** 박태준
콘텐츠사업4팀장 김대한 **콘텐츠사업4팀** 황정민, 임소연, 박혜원, 옥다애
마케팅본부장 권장규 **마케팅4팀** 박태준, 문서희
미디어홍보본부장 정명찬 **홍보팀** 안지혜, 김민정, 이소영, 김은지, 박재연, 오수미
뉴미디어팀 허지호, 임유나, 박지수, 송희진, 홍수경
저작권팀 한승빈, 김재원 **편집관리팀** 조세현, 백설희
경영관리본부 하미선, 박상민, 김민아, 윤이경, 이소희, 김소영, 이우철, 김혜진, 김재경, 최완규, 이지우

펴낸곳 다산북스 **출판등록** 2005년 12월 23일 제313-2005-00277호
주소 경기도 파주시 회동길 490 다산북스 파주사옥 3층
전화 02-702-1724 **팩스** 02-703-2219 **이메일** dasanbooks@dasanbooks.com
홈페이지 www.dasanbooks.com **블로그** blog.naver.com/dasan_books
종이 한솔피엔에스 **출력·인쇄** 민언프린텍 **제본** 정문바인텍 **후가공** 평창 P&G

ISBN 979-11-306-0996-6 (03320)

· 책값은 뒤표지에 있습니다.
· 파본은 구입하신 서점에서 교환해드립니다.
· 이 책은 저작권법에 의하여 보호를 받는 저작물이므로 무단 전재와 복제를 금합니다.
· 이 도서의 국립중앙도서관 출판시도서목록(CIP)은 서지정보유통지원시스템 홈페이지(http://seoji.nl.go.kr)와 국가자료공동목록시스템(http://www.nl.go.kr/kolisnet)에서 이용하실 수 있습니다. (CIP제어번호 : CIP2016023508)

다산북스(DASANBOOKS)는 독자 여러분의 책에 관한 아이디어와 원고 투고를 기쁜 마음으로 기다리고 있습니다. 책 출간을 원하는 아이디어가 있으신 분은 이메일 dasanbooks@dasanbooks.com 또는 다산북스 홈페이지 '원고투고'란으로 간단한 개요와 취지, 연락처 등을 보내주세요. 머뭇거리지 말고 문을 두드리세요.